Lexa Anders

Advent und Weihnachten

Erfahrungen und Erlebnisse

Bundes-Verlag eG · Witten

ABCteam

Bücher, die dieses Zeichen tragen, wollen die Botschaft von Jesus Christus in unserer Zeit glaubhaft bezeugen.

Das ABCteam-Programm umfaßt:

- ABCteam-Taschenbücher
- ABCteam-Paperbacks mit den Sonderreihen: Glauben und Denken (G+D) und Werkbüchern (W)
- ABCteam-Jugendbücher (J)
- ABCteam-Geschenkbände

Neunte Auflage, 1979

Druck: Bundes-Verlag eG, Witten
Umschlag: Fritz Jahrmarkt, Witten (Herbede)

ISBN 3-8137-3007-7 (früher: 3-87114-095-3)

Inhalt

Advent im Hochsommer

In einem der alten Mietshäuser unserer Großstadt war es, wo die ausgetretenen Stiegen knarren und man beim Ersteigen der gewundenen Treppen beinahe einen „Drehwurm“ bekommt.

Erst im obersten Stockwerk fand ich den gesuchten Namen. Aber die Eltern des Kindes, denen mein Hausbesuch galt, waren berufstätig und deshalb nicht zu Hause.

Ein freundliches Oma-Gesicht lächelte mir entgegen, indem die liebe Alte mir bereitwillig Auskunft gab und mich freundlich einlud, doch hereinzukommen. Im Treppenhaus „zög“ es, und außerdem wäre es nicht schön, draußen so vor der Tür Wurzeln zu schlagen. Drinnen spräche es sich bestimmt besser miteinander. Also – gehn wir hinein!

Soweit ich überblicken kann, ist die Wohnung sauber und aufgeräumt. Wir gehen ins Zimmer der lieben Alten. Indem sie mich bittet, Platz zu nehmen, springt sie plötzlich, behende wie ein Wiesel, zum Fenster und – ratsch! – zieht sie die Vorhänge zu und knipst das elektrische Licht an.

Entsetzt rufe ich: „Aber, Oma, was machen Sie denn? Draußen ist doch heller Sonnenschein!“

Verschmitzt dreht sie sich nach mir um und sagt: „Deern, Deern, sonst sühste den Schiet und den Dreck so!“

Da nehm ich die liebe Alte in den Arm und zieh sie aufs gemütliche Sofa zu mir herunter. „Ja, ja, Oma, so sind wir alle! Den Vorhang zu, damit man den Staub und den Dreck nicht so sieht! Die Herzenstür zu, möglichst noch fest verrammeln, damit nur niemand hineinsieht und womöglich entdeckt, was drin ist! Aber Gott sieht doch, was drin ist im Herzen, wenn wir allen Schmutz auch noch so gut verdecken wollen.

Oma, es muß einmal in unserem Leben zu einem Großreinemachen kommen bis in alle Herzenswinkel hinein. Es ist zwar nicht immer so angenehm, wenn wir hineingeraten in den Lichtkreis der Liebe Jesu, in die Strahlen Seines heiligen Lichtes, das aufdeckt und unsere ganze Sünde und Schuld zeigt und unseren verlorenen Zustand sehen läßt. Aber eben dafür gab Jesus Sein Leben für uns hin auf Golgatha, uns reinzuwaschen, daß alle Finsternis in uns Licht, alles Staubige und Vermottete in uns von Seiner Liebe durchsonnt und neugemacht werde."

„Deern, Deern, ist datt wörklich so?" fragt die liebe Alte immer wieder dazwischen. Zum besseren Verständnis erzähle ich ihr aus meinem eigenen Leben. Das versteht sie. Für mich ist plötzlich köstliche Adventszeit mitten im Hochsommer bei zugezogenen Vorhängen.

Seit ihrer Trauung in der Kirche hat sie nie wieder die Knie vor Gott gebeugt. Beten, freies Reden mit Gott, ist ihr bisher völlig fremd gewesen. Als sie aber jetzt neben mir kniet und das Glaubensbekenntnis spricht – da ist es weit mehr als Gebet, es ist Hingabe eines Menschenlebens an Gott.

„Und, HErr", fügt sie noch am Schluß voll kindlicher Einfalt hinzu, „ich dank auch für das Großreinemachen bei mir!"

Dann steht sie auf, gibt mir einen schallenden Kuß, geht ans Fenster und zieht energisch die Vorhänge zurück – und helle, warme Nachmittagssonne flutet ins Zimmer.

In einem alten Oma-Herzen aber war eine andere Sonne aufgegangen: Jesus Christus!

Wundersame Gotteshände

Frostklare Winterluft schlägt mir entgegen, die einem beinahe den Atem raubt. Neuschnee knirscht unter den Füßen. Hier und da knackt leise ein Ast, von dem weicher, weißer Schnee zu Boden gleitet. Ein leises, feines Klingen, fast wie hingehauchte zarte Töne einer Melodie, zieht durch diesen Märchenwald. Es sind Eiszapfen, die durch leises Schwanken der Zweige sich berühren und zart aneinanderklingen.

Advent in der Heide

Erster Advent!

Ein hungriges Häslein hoppelt über den Waldweg. Voller Ehrfurcht halte ich den Atem an und lausche in die Stille hinein. Vor mir, nur wenige Schritte entfernt, taucht ein Reh auf, hält mitten im Lauf inne, wittert den Menschen und verschwindet im nächsten Augenblick wieder im Unterholz.

Erster Advent! Wald- und Heideeinsamkeit rings um mich her, und ich selbst bin auf dem Weg, einen lieben Menschen abzuholen. Der Waldweg ist sehr verschneit. Über Strauchwerk hinweg und durch tiefen Schnee hindurch gelange ich auf die Straße. Und wieder ist das feine Klingen um mich – ja, auch in mir ist es. Es steigt aus der Tiefe der Seele auf und bricht sich Bahn.

Erster Advent!

Es mag kindlich sein, aber ich kann nicht anders. Aus meiner Tasche hole ich ein Kerzlein und Zündhölzer hervor. Mit meinem brennenden Kerzlein in der Hand und meiner Adventsfreude im Herzen stapfe ich durch die märchenhafte Winterpracht und singe:

„Macht hoch die Tür, die Tor macht weit,
es kommt der HErr der Herrlichkeit,
ein König aller Königreich,
ein Heiland aller Welt zugleich,

der Heil und Leben mit sich bringt;
derhalben jauchzt, mit Freuden singt:
Gelobet sei mein Gott,
mein Schöpfer reich von Rat."

Freude, adventliche Freude und Erwartung ist in mir, und ich bin auf dem Weg zu einem lieben, zu dem liebsten Menschen, den ich besitze, zu dem größten Gottesgeschenk, das mir je auf Erden wurde.

Als ich in der Ferne das blinkende Licht der Bahnhofsfenster erblicke, ist auch mein Lichtlein heruntergebrannt. Ich stelle es behutsam an den Heiderand, wo es bald im weißen, weichen Schnee verlöschen wird. Aber die Freude in mir bleibt und klingt weiter in mir.

Da ich ganz allein im Abteil bleibe, bitte ich den Zugbegleiter, das Licht auszudrehen. Gern tut er mir den Gefallen. So fahre ich durch die märchenhafte Heide mit meiner Adventsfreude der Großstadt entgegen. Dort bleibt mir bis zur Ankunft des Zuges, den ich erwarte, noch viel Zeit. Der hetzende Alltag ist heute verbannt. Wie schön ist das, einmal Zeit zu haben!

Stille Feier im Wartesaal

Erster Advent!

Ich möchte die Augen schließen und weiter durch weite, stille Heide wandern! Doch das geht nicht. Aber in mir ist alles voller Erwartung, zum Freuen, zum Feiern bereit. Also gehe ich in den Wartesaal der zweiten Klasse. Ich suche mir ein schönes Plätzchen und bestelle mir, weil Festtag ist, ein besseres Frühstück als sonst – mit Ei und Bohnenkaffee. Einladend stehen die saubergedeckten Tische da. Ich bin der einzige Gast zu so früher Morgenstunde. Ein Lichtlein brennt in der Mitte des Saales. Nein, ein Lichtlein kann man es schon nicht mehr nennen! Es ist eine schöne, große Bienenwachskerze, wunderbar in ihrer Form. Sie steht zwischen Blautannenzweigen in einem geschnitzten Leuchter.

Advent! – Ich friere – und in mir ist Freude und Erwartung. In meiner Tasche wartet ein weißer Wollschal, daß ich mich mit ihm beschäftige. Doch ich finde es stilwidrig, meine stille Feier mit Stricknadelgeklapper zu stören.

Der zweite Gast

Siehe da! Ein zweiter früher Gast erscheint. Weil meine Seele bereit ist zur Freude, schließe ich auch ihn betend und bereitwillig in meine stille Feier mit ein.

Mit etwas schlacksigen Gliedern und schlechter Haltung schlendert er durch den Wartesaal, entledigt sich seines dünnen Sportmantels und läßt sich auf der Eckbank nieder, ganz in meiner Nähe. Blaugefrorene Hände greifen nach der Speisekarte. Nachdem er prüfend sein Geld gezählt hat, schiebt er die Karte achtlos zur Seite, als gelten ihm die herrlichen darauf verzeichneten Genüsse nicht.

Ein Student etwa? Es scheint so. Ich möchte ihn eng einschließen in den Kreis meiner adventlichen Freude. Doch – wie kann ich!

Ich ahne nicht, wie unsichtbare Hände, die Hände unseres Gottes, diesen jungen Menschen hineinziehen in mein stilles Feiern und tiefes, inneres Freuen.

Mit einer eigenwilligen Handbewegung streicht er eine Haarsträhne aus der Stirn. Seine Brust hebt und senkt sich wie unter einer starken, inneren Bewegung. Langsam erhebt er sich, und sichtlich strafft sich seine ganze Haltung. Mir scheint, als geschehe es unter einer plötzlichen inneren Abwehr. Fahle Blässe wechselt mit einer heißen Glutwelle.

Die erste Begegnung

Eine große, markante Gestalt im pelzbesetzten Mantel durchschreitet den Wartesaal und hält dann vor dem jungen Gast inne. Förmlich und steif ist die Begrüßung. Mir bleibt beinahe der Bissen im Munde stecken. Der Jüngere ist unverkennbar ein Abbild des Älteren, nur unfertig, unbeholfen in Art und Bewegung, während die ganze Haltung des Älteren von dem sicheren Auftreten des Weltmannes zeugt.

Vater und Sohn? – Ein leiser Schmerz will sich irgendwie in meine adventliche Freude einmischen. Stockend nur setzt am Ecktisch eine Unterhaltung ein. Der Ältere hat dem Jüngeren ein gutes Frühstück bestellt, für sich ließ er ein Glas Wein kommen, zu dem er eine Havanna raucht. Ihr würziger Duft dringt bis zu meinem Tisch.

Meine stille Feier ist dahin. Ein starkes Erleben ist an ihre Stelle getreten. Ungewollt werde ich Zeuge einer ersten Zusammenkunft zwischen Vater und Sohn, die sich nie zuvor im Leben gesehen haben. Der Vater hat längst die Führung in der Unterhaltung an sich gerissen. Es schwirrt nur so von Namen großer Länder und Meere, von Städten und Menschen. Immer scheuer blickt der junge Student, er ist Mediziner, wie ich herausgehört habe, zu seinem Vater hinüber.

Seine Serviette ist unter den Tisch gefallen. Der Student will sich danach bücken und sie aufheben. Großspurig ruft der Vater, der große Welt- und Geschäftsmann, nach dem Ober. Er muß eine neue Serviette bringen und ein zweites Glas Tee für den Jungen. Der Vater selbst führt genießerisch sein Weinglas zum Mund und bläst in kleinen Ringen den Rauch seiner Zigarre von sich.

Ich versuche, mich in eine Zeitschrift zu vertiefen oder zumindest den Anschein dafür zu geben. Doch ich fasse kein Wort des Gelesenen. Die große Uhr des Wartesaals sagt mir, daß ich noch mehr als zwei Stunden Zeit habe. Was können zwei Stunden in sich bergen?!

Erster Advent!

Will mir der Himmelskönig in einer armen, zerrissenen Menschenseele begegnen? Alles in mir ist Erwartung – Erleben – Bereitschaft.

Der Vater hat den Sohn für eine Stunde allein gelassen, damit er seine Entscheidung im Blick auf das Besprochene treffen könne. Noch zittert die Pendeltür in ihren Angeln, nachdem der Vater schon längst mit herrischen, gebieterischen Schritten in die Bahnhofshalle hinausgegangen ist.

Plötzlich schüttelt ein starkes Schluchzen den ganzen Körper des jungen Mannes. Sein Kopf liegt vornübergebeugt auf seinen verschränkten Armen. Niemand außer uns und einer sechsköpfigen Familie, die jedoch munter ihr Frühstück verzehrt und völlig mit sich selbst beschäftigt ist, hält sich im Wartesaal auf.

Jetzt, auf einmal, spüre ich die wundersamen Hände, die diesen Fremden in den stillen Kreis meiner Adventsfreude einbezogen haben. Wundersame Hände unseres Gottes!

Es hält mich nicht länger mehr auf meinem Platz. Mein Herz strebt dem Hilflosen entgegen! Arme, zerrissene Menschenseele!

Ist in ihm etwa das Bild des Vaters zerstört, das Bild, das Hoffnung und kindlicher Glaube sich vielleicht im Tiefinnern errichtet hat?

„Ich kann nicht! Ich kann nicht! Mutter, warum gingst du von mir?“ kommt es voller Qual und Verzweiflung von seinen Lippen.

Meine Hand hat sich auf seinen Arm gelegt. „Entschuldigen Sie, wenn ich mich zu Ihnen setze! Ich habe am Nebentisch ungewollt alles miterlebt und mitangehört. Ich denke, ich verstehe Sie. Wenn Sie mögen – wenn es Ihnen vielleicht in diesem Augenblick eine Erleichterung ist – reden Sie ruhig! Oder – wenn ich lieber gehen soll – bitte – dann sagen Sie's mir ruhig!“

Es ist lange still zwischen uns. Wird er die Brücke beschreiten, die Gott unsichtbar von Mensch zu Mensch, von Herz zu Herz baut? Still brennt das Adventslicht zwischen den Blautannen. Laut und fröhlich verzehrt die lustige Kinderschar am andern Ende des Wartesaals ihr Frühstück.

Mein junger Freund hat sich gefaßt. Fast sind es noch Kinderaugen, die mich plötzlich ansehn, Augen eines großen Kindes, das Vertrauen faßt. Etwas linkisch und unbeholfen schiebt er mir ein Lichtbild hin, das er seiner Brusttasche entnommen hat. Ein verschlossener Brief liegt daneben. Ist es etwa eine Freundin von ihm? Die Aufnahme zeigt ein Mädchen oder eine junge Frau mit einer Geige. „Meine Mutter!" – kommt es leise von seinen Lippen.

Irgend etwas rührt an mein Herz. Ich möchte dem Jungen etwas Liebes sagen und kann ihn nicht einmal anreden, weil ich seinen Namen nicht weiß. Als ich es ihm etwas stockend eingestehe, trifft mich ein verschämtes Jungenlächeln.

„Sagen Sie ruhig Harald zu mir! Sie sind mir wie ein Gruß von meiner Mutter. Sie sind mir – ein Adventsgruß!"

Wundersame Gotteshände, die Brücken bauen, die Lichtlein anzünden in Menschenherzen. Wundersame Hände unsres Gottes, die Herzenstüren öffnen!

Der Lebensbericht

Harald sitzt neben mir und erzählt, erzählt von seiner Kindheit, von seiner Mutter, die er über alles geliebt hat. Sein Leben war bisher ausgefüllt von der Liebe zu seiner Mutter. Nie hatte er seine Großeltern kennengelernt, nie einen Vater gehabt. Die Mutter war aus dem Elternhaus verstoßen worden und hatte ihren Lebensunterhalt mit Konzerten und Klavierunterricht bestritten. Er erzählt von viel Not und viel Sorge und von der großen Liebe der Mutter zu seinem Vater. Wie sorgsam hatte sie diese Liebe in das Herz ihres Jungen gepflanzt, gehütet und genährt. Und heute, da der Sohn zum ersten Male seinem Vater gegenüberstand, da ist der große Wunschtraum seines Lebens wie eine Seifenblase zerplatzt. Wieder hält er inne – und tiefes Schweigen nistet zwischen uns.

„Und Ihre Mutter?“ frage ich in die drückende Stille hinein. Will er die Brücke abbrechen? Will sich das Türlein zum Herzen dieses jungen Menschen scheu schließen?

Doch nein, es scheint nur so: „Mutter? – Sie ging von mir, sie ließ mich allein! Sie ist tot!“ Nur flüsternd kommt es von seinen Lippen.

Nun ist mir vieles, wenn auch längst nicht alles, klar. Ehe ich weiterfragen kann, erzählt er von dem Sterben seiner Mutter. Er spricht freier, gelockerter als vorher.

„Mutter hatte ein langes, schweres Krankenlager. Sie war lungenkrank. Sie wollte nicht, daß ich Musik studiere. Nie hat sie mir einen Wunsch versagt, aber in diesem einen Punkt war sie unerbittlich. Ich mußte meinen Herzenswunsch begraben. Es war mir furchtbar schwer. Aber ihr zuliebe habe ich es getan. Ich habe es auch unter die Füße gekriegt, aber es war doch recht schwer. Mir liegt die Musik wie ihr im Blut. Ich habe ihre Art. Das Äußere scheine ich ja von meinem Vater zu haben. Ich hätte aufschreien mögen, als ich ihn heute morgen auf mich zukommen sah. Ich sah mich selbst, nur viele Jahre älter.“

Die Flucht

Dann erzählte er von dem Brief, den die Mutter ihm gegeben hatte, bevor sie starb. Wenn er einmal seinen Vater finden würde, dann sollte er ihm diesen Brief als einen letzten Gruß übergeben. „Ich habe dann Medizin studiert. Wenn ich den Menschen nicht mit der Musik nahesein durfte, dann wollte ich es wenigstens mit meiner Hilfe sein.“

„Mutter ist nie fromm gewesen, was man so landläufig unter Frommsein versteht. Aber in der letzten Zeit ihres Lebens habe ich sie oft mit gefalteten Händen angetroffen. Ganz zuletzt, da hat sie mir gesagt: »Du weißt, ich habe mich nie sonderlich um Gott gekümmert, Harald. Aber Gott kümmert sich doch um mich. Seine Barmherzigkeit wird größer sein als mein Versagen.«

Als ich dann wiederkam, war sie tot. Ich bin nur schwer damit fertiggeworden. Heute ist die alte Wunde jäh wieder aufgebrochen. Ich bin so dankbar, daß Sie da sind!

Ich muß mein Leben meistern, aber ohne den Vater. Ich kann nicht! – Ich will nicht! Ich kann nicht von seiner Gnade leben! Ich finde keinen Weg zu ihm! Ich – schaffe es schon – auch ohne ihn!"

Hastig stößt er die Worte hervor, springt auf und reißt schon seinen Mantel vom Haken. Ich will ihn halten, will ihn überreden zu bleiben, um alles in Ruhe zu überlegen. Er schüttelt nur heftig den Kopf. Mir ist das Herz so voll. Ich möchte ihm noch manches sagen. Doch es kommt nicht dazu. Beim Abschied kann ich nur die Worte seiner sterbenden Mutter wiederholen: „Harald, wohin Sie auch gehen, und was immer Sie auch tun, vergessen Sie nicht: »Gottes Barmherzigkeit ist immer größer als unser Versagen.« Ich habe es tausendfach erprobt und im Alltag erlebt. Ich werde für Sie weiterbeten – und auch für den Vater."

Die Begegnung mit dem Vater

Stumm drückt er mir die Hand und geht hastig davon.

Der Wartesaal hat sich mit Reisenden gefüllt. Ich höre, ich sehe nichts davon – und werde erst wieder meine Umgebung gewahr, als ein Herr im pelzverbrämten Mantel vor mir steht und mich anredet: „Entschuldigen Sie bitte, wo – wo ist wohl mein Sohn?

Wir verabredeten, daß ich wiederkäme. Er saß doch hier!"

Ich bitte den Herrn, einen Augenblick Platz zu nehmen, und sage ihm, daß sein Sohn fortgegangen sei und wahrscheinlich nicht wiederkäme.

„Dieser dumme Bengel!" fährt es aus ihm heraus. Heftig stößt er gegen den Tisch und grüßend will er davongehen.

„Wenn ich Sie nun herzlich bitte, würden Sie dann noch einen Augenblick bleiben?"

Er stutzt, sieht mich erstaunt an und entledigt sich dann kurz entschlossen seines schweren, pelzgefütterten Mantels.

Ein Stoßgebet fliegt nach oben um Hilfe, um Leitung und Weisung im Gespräch. Dann sitzt der Vater auf demselben Platz neben mir, wo eben noch Harald, der Sohn, saß. Er bittet mich, ein Glas Wein mit ihm zu trinken. Nochmals will er seinem Herzen Luft machen. Er kommt gar nicht mehr dazu. Fahle Blässe bedeckt plötzlich sein Gesicht. Wie im Traum greift er zur Fotografie, die Harald in seiner Erregung liegenließ.

„Cornelia!" murmeln seine Lippen. Da ist mir, als schlügen die so wundersamen Hände auch eine Brücke zu diesem großspurigen, mir weitüberlegenen Weltmann, als öffne sich auch da ein schmaler Herzensspalt. Ich wecke ihn aus seiner völligen Abwesenheit, indem ich scherzend sage: „Kommen Sie, nicht einmal vorgestellt hat man sich! – Und trinken wir auf Harald, unsern Dickkopf!"

Ein Lachen verschönt in diesem Augenblick das mir sonst unangenehme Gesicht. Nur zu gut kann ich Harald verstehen, daß er lieber weiter Not und Entbehrung auf sich nimmt, als von der Gnade eines solchen Vaters abhängig zu sein.

Fragen und Antworten kreuzen hin und her. Jedesmal, wenn er seinem Ärger Luft machen will, hindere ich ihn daran. Dann verraucht allmählich sein Zorn, und er lächelt: „Also Ihnen hat dieser Bengel sich anvertraut!"

Ich weiß nicht, wie ich dazu komme, daß ich plötzlich frage: „Sagen Sie, kennen Sie eigentlich die Geschichte vom verlorenen Sohn?" Entsetzt starrt er mich an. „Nun ja – so von Großmutters Zeiten her! – Aber soweit ist es mit dem Bengel doch hoffentlich noch nicht gekommen! Ich meine – mit Frauengeschichten und so? Elend genug sah er mir ja aus, aber –."

„O nein, nicht so! Aber – wenn Sie die Geschichte vom verlorenen Sohn wirklich kennen, dann wissen Sie ja auch, daß der ältere Bruder, der beim Vater war, eigentlich der verlorene Sohn war und nicht der andere, der Schiffbruch im Leben erlitten hat."

Nach einer kurzen Pause fahre ich fort: „Kann nicht auch einmal ein Vater ein verlorener Sohn sein?" Tiefe Stille ist zwischen uns. Mich trifft ein eigenartiger Blick.

„Erlauben Sie einmal, Sie scheinen zwar das Herz auf dem rechten Fleck zu haben, doch hier gehen Sie doch ein wenig zu weit! Das hat noch kein Pastor gewagt, mir zu sagen. Übrigens, Sie haben so etwas an sich wie meine Frau. Sie war fromm. Aber mir, mir liegt so etwas nicht. – Nun gut, Sie sollen alles wissen! Sie haben ja doch an allem hier teilgenommen. Sie haben aber auch eine Art an sich!"

„Bitte, nicht so!" wehre ich ab. „Trinken wir auf das, was Ihnen lieb war und ist im Leben: auf Ihre Frau – auf Cornelia!"

Der Lebensbericht des Mannes

Es ist, als täte die Herzenstür sich weit auf, die Herzenstür dieses Weltmannes, der so wesensfremd neben mir sitzt. Mir ist, als strichen Gottes wundersame Hände über sein Angesicht, um es zu verschönen und alles Selbstgerechte, Fremde und Unschöne daraus zu bannen.

„Meine Frau war ein Engel! Welche Geduld hat sie mit mir gehabt! Wie hat sie mich und meine Art ertragen! Ich habe sie nie ganz verstehen können. Ich habe sie geschätzt, verehrt – aber geliebt, wahrhaftig geliebt habe ich nur eine: Cornelia."

Er nimmt das Bild zur Hand und schweigt lange. Als er fortfährt, klingt seine Stimme weicher, er ist ein völlig anderer. Irgend etwas erinnert mich plötzlich an Harald.

„Als junger Offizier kehrte ich aus dem Ersten Weltkrieg zurück. Mein Vater führte mich in sein Geschäft ein. Es war eine harte Lehre; nichts blieb mir erspart unter seiner strengen Zucht. Dann folgten einige Jahre im Ausland mit Abenteuern, Kunstgenüssen – und mit Frauen. In Wien sah ich Cornelia in einem Konzert, das sie gab. Ich liebte sie sofort mit der ganzen Glut meines Herzens. – Der Vater rief mich zurück. Ich konnte mich nicht von ihr trennen und mußte doch endlich dem unwilligen Vater gehorchen. Er hatte seinen Fahrer und den Wagen nach Wien geschickt, den Sohn zu holen. Ohne Abschied von Cornelia mußte ich fort.

Ich schrieb ihr wieder und wieder von Deutschland aus; erhielt aber keine Antwort. Ich ahnte nicht, daß Cornelia ein Kind erwartete und deshalb hartherzig enterbt und verstoßen worden war. Sie hielt sich mit ihrem Kind im Ausland auf und kehrte erst nach Kriegsende nach Berlin zurück. Sie wurde dann mit Harald nach Hamburg verschlagen. Hier fristete sie ein kümmerliches Leben. Trotzdem schaffte sie es durch ihren Musikunterricht, den sie erteilte, daß Harald studieren konnte."

Von alledem wußte der Mann anfangs nichts. Er heiratete die Tochter eines andern Großkaufmanns. Die Ehe blieb zum großen Kummer beider kinderlos. Das Geschäft brachte er nach dem Zweiten Weltkrieg zur großen Freude des alten Vaters wieder zu Ansehen.

Das Geständnis

In der Suchzentrale des Deutschen Roten Kreuzes in Altona stieß der Mann bei der Suche nach einem Freund auf den Familiennamen Cornelias. Er stellte sofort Nachforschungen an und erfuhr, daß sie selber vor einigen Monaten gestorben war und einen Sohn, Harald, hinterlassen hat. Er behielt das Erfahrene für sich, erfreut und erschüttert zugleich. Es kann ja nur sein Kind sein! Er – einen Sohn!?

Auf dem Sterbebett seiner Frau – es war vor einem Vierteljahr – berichtete er ihr alles und gestand ihr die große Jugendliebe zu Cornelia.

„Du bist und bleibst mein großer Junge, so klug und welterfahren du sonst auch sein magst! Warum sagst du mir erst jetzt davon? Du hättest mir die Freude an deinem Jungen auch schon einige Jahre früher gönnen können!" Das war ihre Antwort. „Ich habe ihr dann in die Hand hinein versprechen müssen, mir den Jungen zu holen und etwas Tüchtiges aus ihm zu machen."

Heute habe ich ihn nun zum ersten Male gesehen. Ich wählte bewußt einen neutralen Ort, an dem wir uns kennenlernen sollten. Der Wohlstand in meinem Hause sollte ihn nicht befremden und abstoßen – und nun läuft der Bengel mir gleich wieder davon! – Dieser Dickkopf!"

„Ich bete für Sie!"

„Nun – ich hätt's vielleicht auch so gemacht!" antworte ich ihm. Zu meinem Erschrecken sehe ich, daß in fünf Minuten der Zug einläuft, auf den ich warte. Mir ist, als dürfte ich auch nicht länger bleiben, als verlören sich unsere Gespräche in Dinge, die unwesentlich sind. Es berührt mich eigenartig, als er mir in den Mantel hilft und unvermittelt sagt:

„Wissen Sie, wie mir ist? – Als hätte meine Frau mir durch Sie aus der andern Welt einen Adventsgruß gesandt."

Ich kann nichts darauf erwidern. Harald hat mir genau dieselben Worte im Blick auf seine Mutter gesagt. Keiner weiß es vom andern – und doch dieselben Worte. Sind es wieder die wundersamen Hände, die von der Ewigkeit hier in diese Zeit hineinreichen?

Einem Wiedersehen kann ich nicht zustimmen, ich bin innerlich irgendwie gehemmt. „Ich werde für Sie und Harald beten. Das Gebet ist die größte Macht. Und vergessen Sie nicht, daheim die Geschichte vom verlorenen Sohn in der Bibel Ihrer heimgegangenen Frau nachzulesen!"

„Sie sind eine sonderbare Frau!" antwortet er zum Abschied. Als ich mich in der Tür noch einmal umdrehe, sehe ich ihn still am Tisch sitzen, die Hände vorm Gesicht. Er sieht mich nicht. Meine Gebete sind bei ihm. Mögen doch die vielen, vielen Gebete seiner Frau noch übers Grab hinaus Erhörung finden! Wenn sich der Mann doch als verlorener Sohn erkennte und heimkehrte zum ewigen Vater! Ihr wundersamen Hände, die ihr anfingt, Brücken zu bauen und Lichter im Herzen anzuzünden – führt das wundersame Werk hinaus, das ihr begonnen habt! Schafft Wege, daß Herzen zueinanderfinden und zur Ruhe kommen am Vaterherzen Gottes!

Als ich „richtig" Weihnachten feiern lernte

Meine Gedanken eilen viele Jahre zurück. Da sitzen wir beide – meine große Schwester und ich – und sticheln an einer Handarbeit unter der Gashängelampe. Meine Kinderhände helfen, so gut sie können. Die Nacht wird wieder einmal zum Tag werden; es wird „durchgearbeitet". Morgen früh soll die letzte Arbeit abgeliefert werden.

Heute ist Heiligabend! Wir merken nichts davon. Heimlich sind wir für einen kurzen Augenblick in die Dunkelheit hinausgehuscht, um uns an den brennenden Kerzen an den Lichterbäumen der Nachbarn zu erfreuen. Hier brennt schon einer! – Und da drüben! – Und hier noch einer!

Erinnerungen aus der Kindheit

Wie war es in den Jahren vorher noch so anders gewesen, als das „Christkind" immer wieder vor Weihnachten heimlich auftauchte! Immer wieder war es einfach dagewesen und dann wieder davongehuscht, ohne daß man es jemals gesehen hätte.

Den Atem hatte man angehalten und sich dicht an die Großmutter geschmiegt, als eines Abends plötzlich leise die Küchenfenster von draußen geöffnet wurden und „Max und Moritz" in Form von köstlichem Kaugummi über der Stange der Scheibengardinen baumelten. Daß unser Vater dies Kunststück – ein wahres Akrobatenstück – mit einem unserer riesigen Apfelpflücker vom Nachbarhaus her vollbrachte, wer wäre jemals auf den Gedanken gekommen! Das „Christkind" konnte eben alles.

Und immer wieder, wenn man seine Schiefertafel sorgsam vollgeschrieben vors Fenster stellte und den blankgeputzten Schuh daneben – ach, da fand man am andern Morgen Spuren des Christkindes: ein paar Zuckerkringel, kleine süße Schächtelchen mit Liebesperlen für den Verkaufsladen (die noch heute im Nähwagen in dem Fach für Knöpfe ihren Platz haben), braune Kuchen, Apfelsinen oder sonstige Überraschungen.

Übrigens sind „Max und Moritz" nie in den Magen gewandert. Sorgsam wurden sie mit andern Puppenkindern gehütet, wenn man auch einmal neugierig an ihnen herumgeleckt hat. Als ich sie nach einigen Jahren auf dem Boden fand, von Mäusen angeknabbert, da habe ich sie feierlich im Garten begraben, neben toten Vögeln und altersschwachen Puppen.

Heller Jubel schallte in der Advents- und Weihnachtszeit immer wieder durchs Haus, weil stets neue Überraschungen entdeckt wurden. Aber nie werde ich die drei faulen Äpfel vergessen, die das „Christkind" mir zugedacht hatte, als ich einmal recht ungezogen und eigensinnig gewesen war.

Wie strahlten Großmutters Augen bei all meinem weihnachtlichen Kinderglück! Daß sie immer wieder der großen, zehn Jahre älteren Schwester verständnisinnig zunickte, davon merkte ich kleiner Wuschelkopf nichts. Jubelndes Kinderglück erfüllte die vorweihnachtliche Zeit.

Mühsam hielt ich die Augen offen. Heimlich war ich beim Mondenschein – da war ich immer so hellwach und quicklebendig und konnte nicht schlafen – ans Fenster gehuscht, um nachzusehen, ob etwa schon etwas im Schuh zu finden sei. Noch war er leer. Das „Christkind" mußte also noch kommen. Und dann war ich zuletzt doch voller Müdigkeit und des langen Wartens satt eingeschlafen und hatte sein Kommen wieder verpaßt. Daß es aber doch noch dagewesen war, davon kündete der Jubelruf am anderen Morgen.

Eine Kinderwelt bricht zusammen

Dann brach in und über mir eine ganze Welt zusammen. Schuld daran war der Brief des „Christkindes" an mich, den nur die Mutter entziffern konnte. An diesem Brief war etwas Geheimnisvolles. Zufällig kam ich dahinter. Meine große Schwester war ebenfalls neugierig geworden. Sie kam auf den Gedanken, der Brief könne in Spiegelschrift geschrieben sein. Als sie mit dem Brief vor dem Spiegel ihre Versuche machte, kam ich dazu, ohne daß meine Schwester es merkte. Ich erkannte im Spiegel die Handschrift unserer Mutter....

Wie war ich enttäuscht! Viele Tränen flossen; ein Kindertraum war ausgeträumt. Von da an gab es keinen Weihnachtsbaum mehr. Meine Eltern zählten auch mich zu den Großen, die den Kinderschuhen entwachsen waren. Dazu kamen wirtschaftliche Nöte, die unsere Familie bedrückten. Dadurch wurde so manches anders. Es hieß für uns alle arbeiten und Geld verdienen. Meine kleine empfindsame Kinderseele konnte sich mit der rauhen Wirklichkeit nur schwer abfinden.

Wie dankbar war ich meiner großen Schwester, daß sie sich liebevoll mühte, mir den rechten Sinn der Weihnacht klar zu machen! Oh, ja, ich verstand schon, was sie meinte. Aus eigenem kindlichem Erleben wußte ich wohl von dem Großen:

„Die Sonne, die mir lachet,
ist mein HErr Jesus Christ.
Das, was mich singen machet,
ist, was im Himmel ist."

Trotzdem fiel es mir schwer, auf das ganze Kinderparadies verzichten zu müssen.

An all das dachte ich, als wir draußen standen und nach den Christbäumen der Nachbarn schauten. Ein wenig traurig gingen wir dann wieder ins Haus zurück an unsere Arbeit.

Doch eine Weihnachtsüberraschung

Während unsere Finger emsig herumstichelten, rollte manche heimliche Träne auf die Stickerei. Mutter lag im dunklen Schlafzimmer nebenan. Es war ihr nicht gut. Meine große Schwester konnte sich zwar besser beherrschen als ich, doch auch bei ihr rollte dann und wann eine Träne. Trotzdem sang sie tapfer, wenn sie auch zuweilen ein bißchen dabei schlucken mußte:

„Warum sollt ich mich denn grämen?
Hab ich doch Christum noch;
wer will mir Den nehmen?
Wer will mir den Himmel rauben,
den mir schon Gottes Sohn
beigelegt im Glauben?"

Da war mir, als strichen Großmutters Hände liebevoll über das heißgeweinte Gesicht, als streichle sie leisen den Wuschelkopf mit den widerspenstigen „krummen" Haaren.

Doch was war denn das? Tönte da nicht von nebenan aus dem „guten" Zimmer das Weihnachtsglöckchen wie in all den früheren Kinderjahren? Oder war es die „Kuhglocke", die an Mutters Bett hing, und die sie nur läutete, wenn sie einen Wunsch hatte und wir eilig kommen sollten? Mit großen Augen sahen wir uns gespannt und erwartungsvoll an. War es denn möglich? Jetzt ertönte Vaters kräftige Stimme von nebenan:

„Ihr Kinderlein, kommet, o kommet doch all!"

Die Arbeit flog im hohen Bogen auf den Tisch. Wir stoben davon und rannten uns beinahe um, so stürmisch ging es dabei zu. In der Tür blieben wir mit offenem Munde stehen.

Ein riesiger Tannenbaum, der kaum ins Zimmer paßte, stand vor uns. Woher hatte Vater den bloß noch rangeschleppt? Ein einziges Licht brannte an dem mächtigen Baum. Daneben aber stand Vater und zog strahlend für eine jede von uns eine Riesentüte aus der Tasche. Bunte Weihnachtskringel waren darin.

Dann hingen wir an Vaters Hals, lachten, jubelten und weinten – alles durcheinander. Wir stopften Vater dabei einen Kringel nach dem anderen in den Mund – bis die „Kuhglocke" an Mutters Bett unserem

Jubel ein Ende machte und uns zur „Vernunft" rief.

Wie liebevoll hatte der Heiland unseren Kummer angesehen! Unsere Weihnachtsfreude konnte uns durch nichts mehr getrübt werden. Als wir weiterarbeiteten, sangen wir mit Vater ein Weihnachtslied nach dem andern. Als er uns dann noch aus einem Buch vorlas, ging die Arbeit noch einmal so schnell.

Plötzlich stand Mutter im Zimmer. Es ging ihr etwas besser. In ihrer oft so originellen Art schenkte sie uns eine „Zeitung" zu Weihnachten. Ihr verschmitztes Lächeln verstanden wir nicht. Wir wußten nicht, sollten wir über ihren Einfall lachen oder uns ärgern. Als wir die Zeitung jedoch auseinanderfalteten, lag ein Fünfzigmarkschein darin. Ja, so war unsere kleine Mutter! Wir waren zutiefst beschämt über ihre Großmut und Liebe.

Die Freude hielt uns wach, und die Arbeit war am andern Morgen zum Abliefern fertig.

Seit jenem Weihnachtsfest weiß ich eins: nichts kann so trösten, nichts so innerlich erfreuen wie das Kind in der Krippe: Jesus Christus!

Trotz Einsamkeit – Weihnachtsfreude

Nicht alle Weihnachten sind sich gleich gewesen. Ich weiß auch im späteren Leben von Weihnachten der Einsamkeit, der Not, des Verlassenseins. Mit wehem Herzen schlich ich mich einmal zu jenen Menschen, mit denen ich jahrelang aufs innigste verbunden gewesen war. Weihnachten mit ihnen zu feiern, war mir stets wie ein Vorgeschmack des Himmels gewesen. Nun saß ich da mit blutendem Herzen hinter einem Schrank versteckt oben auf der Galerie. Tränen rannen – eine nach der andern. Mein Heimweh hätte ich laut in alles Feiern hineinschreien mögen – und sie sangen unten im Saal Weihnachtslieder, plauderten und freuten sich miteinander. Nüsseknacken klang zu mir herauf. Ich hörte die Stimmen, die mir von frühster Jugend an so vertraut waren.

War es wieder ein „verlorenes Paradies“, dem ich nachtrauerte, nachweinte? –

Still bin ich davongeschlichen, zurück in meine Einsamkeit, zurück in meine grenzenlose Verlassenheit.

Und wieder war es das Kind in der Krippe, von dem mir Trost und Hoffen wurde. Es rief mich erneut, liebte mich zurecht und füllte mein Herz mit jubelnder Weihnachtsfreude. Es rief mich zu neuem Dienst, den andern die Frohe Botschaft zu sagen, ihnen Frieden und Freude in Christus anzubieten.

Nie wieder bin ich einsam und verlassen gewesen, weil mich mein Herz zu meinen Brüdern und Schwestern da draußen treibt, ihnen die frohe Weihnachtsbotschaft zu bringen: *„Siehe, ich verkündige euch große Freude – denn euch ist heute der Heiland geboren!“*

Nie wieder ist mir diese Freude auch nur einen Augenblick verlorengegangen, weil die wahre Weihnachtssonne selbst mein eigen geworden ist: *Jesus Christus!*

Michaels schönstes Weihnachtsgeschenk

Ein Advents- und Weihnachtserleben werde ich nie vergessen. Es fällt in die Zeit des Krieges und der Bombenangriffe hinein. Was mag aus unserem kleinen, damals fünfjährigen Michael geworden sein?

Ein Opfer des Bombenkrieges

Furchtbares hatte das kleine Kerlchen durchlebt und durchlitten. Der Vater, den er wohl kaum gekannt hatte, war im Krieg gefallen. Die Mutter und eine kleine zweijährige Schwester kamen in einem Luftschutzkeller in Rothenburgsort in Hamburg ums Leben. Ein elfjähriger Bruder und die Großmutter kamen lebend davon und wurden aus den Trümmern geborgen. Unser kleiner Michael war verschüttet.

Als man ihn endlich fand, gab er nur noch schwache Lebenszeichen von sich. Die ganze linke Seite war gelähmt. Mit anderen Verletzten brachte man ihn in die Universitätsklinik auf die Kinderstation. Eine Nachbarin, die nur leicht verletzt war, konnte zum Glück Angaben über das Kind machen, weil sie Michael genau kannte. Wir lernten das kleine Kerlchen kennen, nachdem es zusammen mit andern Kindern in ein Ausweich-Krankenhaus in der Heide zur Weiterbehandlung verlegt worden war.

Er zeigte keine Anteilnahme

Ich dachte, das Kind sei darum so still und apathisch, weil die neue Umgebung ihm noch nicht vertraut und die Schwestern ihm noch ein wenig fremd seien. Es ging mir durchs Herz, als ich entdeckte, daß das linke Ärmchen schlaff unter der Bettdecke lag und daß das Kind kein Sterbenswörtchen sprach.

Durch die behandelnde Ärztin erfuhr ich, daß man hoffte, die linksseitige Lähmung würde allmählich zurückgehen. Auch die Sprache würde eines Tages wiederkommen, die er durch den entsetzlichen Schock und durch das Verschüttetsein verloren hätte.

Er wurde unser aller Liebling, der kleine Michael. Jeder wollte ihm etwas Liebes erweisen, aber er gab kein Zeichen der Anteilnahme von sich.

Ernst sahen seine großen, blauen Augen uns an. Aber kein Lächeln erschien auf dem blassen, durchsichtigen Kindergesicht. Nach keinem Spielzeug griff die rechte, gesunde Hand. Mit viel Geduld mußte man Michael füttern, sonst aß er überhaupt nicht. Dann ereignete sich etwas Sonderbares.

Struppi brachte Michael zum Sprechen

Ich hatte damals einen Drahthaarterrier. Er war mir draußen in der Einsamheit der Heide ein lieber, treuer Kamerad durch viele Jahre hindurch und hat mir manchen wertvollen Dienst getan. Aber den größten Dienst hat er unserem kleinen Michael erwiesen. Uns war es ein Gotteswunder.

Struppi war wohl des Alleinseins im Zimmer und somit des Wartens auf sein Frauchen müde geworden. So machte er sich auf die Suche nach mir, fand meine Spur und setzte mit einem gewaltigen Sprung an, um durchs offene Fenster ins Kinderzimmer zu gelangen, wo ich am Bett des kleinen Michael saß.

Struppi schaffte es nicht, versuchte es aber unzählige Male aufs neue. So tauchte immer wieder Struppis Krauskopf am Fenster auf. Das war ein Vergnügen für die Kinder! Sie schrien und jauchzten vor lauter Freude – und unser kleiner Blondschopf, der Michael, krähte plötzlich mit: „Oh, da! Da!“ – und strahlte übers ganze Gesicht.

Mir kamen Freudentränen. Wenn sonst auch kein „Hundevieh“ in ein Krankenzimmer hinein darf – dies eine Mal packte ich mir den Struppi und nahm ihn auf den Arm. Mit welcher Freude fuhr Michaels gesundes Händchen immer wieder durch Struppis krauses Wuschelfell! Mir ist es, als hörte ich heute noch sein: „Ei, ei! – Wauwi!"

Alle Kinder durften Struppi einmal streicheln und waren so damit beschäftigt, daß sie gar nicht merkten, wie es Ärzten und Schwestern fast den Atem verschlug, als sie unsern kleinen Michael so gelöst und fröhlich in seinem Bettchen sitzen sahen.

Struppi und Michael wurden dicke Freunde. Oft hoppste er hinter seinem Fenster auf und nieder und jammerte, daß niemand ihm half, hineinzukommen. Als Ersatz brachte ich dem Michael einen kleinen Stoffhund, den er auch Struppi nannte, und der nun alles gemeinsam mit ihm teilen mußte.

Nur langsame Besserung

Die Sprache kam schnell wieder bei unserem Sorgenkind. Waren es anfangs nur einige Ausrufe gewesen, so sprach er bald wieder in ganzen Sätzen.

Nur die Lähmung blieb. Man versuchte alles, um dem Kind zu helfen. Nach einem halben Jahr konnte man eine geringe Besserung feststellen. Und wir hofften weiter.

Wie würde Michael es verkraften, wenn er eines Tages erfuhr, daß seine Angehörigen nicht mehr lebten? Erinnerte er sich überhaupt noch an sie? Das waren Fragen, die uns sehr bewegten.

Das kleine Kerlchen setzte uns immer wieder in Erstaunen. Oder war es die gütige Hand Gottes über diesem kleinen Waisenkind, die alles so wunderbar lenkte und leitete? – Rückblickend darf man sagen: „Ja, ganz gewiß!"

Michael wünscht sich eine neue Mammi

Eines Tages wollte ich gerade ins Zimmer treten, als die Kleinen in kindlicher Einfalt in ihren Bettchen „Fliegeralarm" spielten. Es ging ziemlich hoch her mit nachgeahmtem Sirenengeheul und allem möglichen

Geschrei. Durch einen Türspalt sah ich dem kindlichen Treiben zu. Ich traute meinen Ohren nicht, als Michael rief:

„Alle sind tot, mausetot – Mammi, Omi, Jörn und Elke! Aber du nicht, Struppi!“

Fest drückte er sein Stofftierchen an sich. Ich ging schnell ins Zimmer hinein. Michaels Augen sahen mich groß an. Ich hatte Angst um unsern kleinen Liebling. Absichtlich hatte ich deshalb ihr Spiel gestört. Woher wußte er, daß seine Angehörigen tot waren? Wir selber wußten es ja noch nicht einmal. Der Suchdienst des Deutschen Roten Kreuzes war zwar sofort eingeschaltet worden, aber wir hatten noch keinerlei Nachricht. Um die kleine Gesellschaft auf andere Gedanken zu bringen, sagte ich:

„Wißt ihr eigentlich, daß bald Weihnachten ist? Habt ihr schon einen Wunschzettel geschrieben? Es ist ja noch ein bißchen früh, aber überlegt euch schon etwas bis zum nächsten Mal, wenn ich wiederkomme. Die Großen können den Wunschzettel ja schon selber schreiben, und für die Kleinen schreib ich die Wünsche dann auf.“

„Tante“, rief Michael in den Wirrwarr hinein, „Tante, kann ich mir auch eine neue Mammi wünschen?“

Wieder war es, als müsse mein Herz aussetzen. Ich ging zu Michael und strich ihm liebevoll über den Blondschopf. „Aber gewiß kannst du das, Michael! Aber vielleicht leben deine Mutti und deine Geschwister noch und holen dich eines Tages.“

Nachdrücklich schüttelte er das Köpfchen und sagte: „Solange läßt keine Mammi und keine Omi ihren Michael allein! Die sind alle tot. Schreib du man für mich eine neue Mammi auf den Wunschzettel – und für meinen Struppi ein schönes Halsband! Aber ein ganz schickes!“ Sonderbar, dieses Kind!

Erstaunliche Fortschritte

Absichtlich mied ich einige Zeit Michaels Zimmer. Ob er es vielleicht vergessen würde?

Ich hatte mich geirrt. Der Stationsarzt fragte mich, ob immer noch keine Antwort vom Suchdienst eingegangen sei. Ich verneinte dies. Da meinte er: „Michael hat mir nämlich erzählt, er bekäme zu Weihnachten eine neue Mammi vom Christkind. Sie hätten nur sein strahlendes Gesichtchen sehen sollen!"

„Ja, wissen Sie, Herr Doktor, sollten die Angehörigen nun wirklich nicht mehr leben, dann wäre es für Michael das Beste, ihn dem Jugendamt zur Adoption vorzuschlagen."

„Ja, ich meine, wir täten dem Kind damit den größten und wichtigsten Dienst", sagte der Arzt.

Ich betete und wartete – ich wartete und betete.

Willig nahm das kleine Kerlchen alle Massagen und Heilübungen auf sich. Er müsse doch seinem neuen Pappi und seiner neuen Mammi zumindest entgegenlaufen können, hätte der Onkel Doktor ihm gesagt. Erstaunliche Fortschritte waren seitdem zu verzeichnen.

Dann platzte eines Tages die Nachricht in all unsere Ungewißheit hinein, daß von der Familie die alte Großmutter und noch ein zwölfjähriger Bruder am Leben seien. Ich schrieb ihr und vereinbarte ein Treffen in Hamburg.

„Was soll bloß werden?"

Waren es wieder Gottes wundersame Hände, die alle unsere Ängste und Fragen einfach hinwegfegten und Bahn machten für Sein wunderbares Wirken und Handeln?

Ein vom Leid gebeugtes, altes Mütterchen saß vor mir. Sie redete sich alle Not vom Herzen, während ich innerlich zu Gott schrie, mir Leitung und Weisung zu geben. Die Antwort war schon da, als sie am Schluß sagte:

„Schwester, verstehen Sie mich recht! Für Michael wäre es sicher besser gewesen, er wäre nicht wieder aufgewacht. Er ist noch so klein und ohne Mutter. Mit Jörn, dem Großen, da schaffe ich es wohl noch. Aber den Kleinen dazu? Schwester, ich kann das einfach nicht mehr. Was soll bloß werden? Wir haben keine Verwandten, die ihn nehmen könnten. Was soll ich bloß machen? Wissen Sie einen Rat?"

Einen Augenblick wartete ich, bis ich die Gegenfrage stellte: „Wie wäre es, wenn Michael eine neue Mutter und einen neuen Vater bekäme? Würden Sie sich damit einverstanden erklären?"

„Ja, Schwester, dann wäre uns doch allen geholfen! Den Kleinen krieg ich nicht mehr groß. Wenn ich dann eines Tages sterbe, wäre er wieder allein auf der Welt. Ja, gibt es denn so etwas, daß jemand ein Kind nimmt, ich meine so, als wenn es wirklich das eigene wäre?"

Ich erklärte ihr, daß eine Adoption möglich sei. Viele Ehen blieben kinderlos und die Eheleute sehnten sich danach, ein Kind als ihr eigenes anzunehmen, es liebzuhaben, es zu versorgen.

„Nur ein einziges Mal möchte ich meinen kleinen Michael noch sehen! Wissen Sie, so ganz von weitem mit seinen neuen Eltern, ohne daß er es weiß. Ich möchte ihm das nicht schwer machen, daß er nicht zu mir kann. Nur eins muß ich wissen: daß er es gut hat, und daß es liebe und ordentliche Menschen sind, die ihn nehmen."

Ich versprach ihr, sie auf dem laufenden zu halten. Plötzlich faltete sie die Hände und sagte: „Oh, mein Gott, ich danke Dir, ich danke Dir!"

Da war der Weg frei – auch in einem behördlichen Sprechzimmer. Innig bat ich Gott, uns nun auch die rechten Eltern für Michael zu geben. Vorlaufende Gnade unseres himmlischen Vaters, gebahnte Wege – wir haben sie erlebt!

Die erste Begegnung

Dann kam alles recht schnell. Ein eingehender Bericht an das Jugendamt – ein Adoptionsantrag – Ferngespräche hin und her – und viele, viele Gebete für unseren kleinen Michael! Auch sonntags machten wir Dienst in jener Zeit. Wie sollten wir sonst die Eltern erreichen, die viele Kilometer von uns entfernt waren und nur am Sonntag ihre Kinder und Angehörigen besuchen konnten!

Nie werde ich den Sonntag vergessen, an dem mir ein Arztehepaar aus der Reinbek – Bergedorfer Gegend gemeldet worden war. Der Meinung des Jugendamtes nach wären es die richtigen Adoptiveltern für unseren Michael, sagte man mir. Die Oberschwester schickte mir das Ehepaar. Während wir in meinem Wohnzimmer eine Tasse Tee gemeinsam tranken, zeigte ich ihnen Bilder von Michael und berichtete, was ich von ihm wußte. Sie könnten sich auch für ein anderes Kind entschließen.

Alle Kinder, die zur Adoption freigegeben waren, hatten wir zum Spielen in ein besonderes Zimmer gebracht. Es waren sechs an der Zahl. Michael war der Älteste unter ihnen. Wir hatten gerade seinen sechsten Geburtstag gefeiert. Gehen konnte er noch nicht allein. Aber vergnügt saß er in seinem Stühlchen und spielte mit seinem Struppi. Die Kinder fühlten sich völlig unbeobachtet und ahnten nicht, daß jede Bewegung, jeder Ausdruck ihres kindlichen Spiels durch einen Vorhangspalt mit äußerster Spannung von dem Arztehepaar aufgenommen wurde.

Hatte die junge Frau doch den Vorhang ein bißchen mehr zur Seite geschoben – ich weiß es nicht! Jedenfalls hörte ich plötzlich Michaels helles Stimmchen: „Bist du meine neue Mammi?"

Statt den Vorhang enger zusammenzuschieben, verhedderte ich mich vollends in der Aufregung und zog ihn völlig auseinander. Da stand das junge Arztehepaar, winkte und warf den Kindern Kußhändchen zu.

Mit meiner Fassung war es aus, als ich beide vom Fenster zurückriß und den Vorhang wieder zuzog. Mich aber strahlten glückliche Elternaugen an. Wie aus einem Munde riefen sie: „Das ist unser Michael!"

Die Entscheidung war gefallen. Doch riet ich ihnen, nichts zu übereilen und noch einige Male wiederzukommen. Das nächste Mal wollten wir dann den Jungen in seinem Bettchen lassen. Sie sollten, wie die anderen Besucher, draußen hinterm Fenster „ihren Michael" sehen und mit ihm sprechen können. Alles weitere wollten wir dann abwarten.

„Meine neue Mammi war da!"

Als ich am andern Morgen zu Michael ging, verschlug es mir den Atem, als er mir entgegenrief: „Tante, Tante! Meine neue Mammi war da! Und einen Pappi hat sie auch gleich mitgebracht – und – und!" Das kleine Stimmchen überschlug sich fast: „Ich muß ganz schnell laufen lernen, daß sie mich holen!"

Ich nahm das kleine Kerlchen in die Arme und konnte nicht verhindern, daß Freudentränen auf seinen Blondschopf tropften. Plötzlich schiebt er mich weg und sagt: „Das ist doch blöd, du weinst – und ich freu mich doch soooo!"

Was sonst nicht sein durfte: am nächsten Sonntag öffnete ich während der Besuchszeit die Fenster von Michaels Zimmer weit, damit die angehenden neuen Eltern sich mit ihm unterhalten konnten. Diesmal war ich diejenige, die hinter einer Vorhangritze alles beobachtete.

„Heute besucht dich deine neue Mammi aber richtig, und der Pappi kommt auch mit", hatte ich Michael erzählt. Das ganze Kerlchen war eine einzige große Freude. Jedem, der in seine Nähe kam, mußte er es erzählen, *wer* ihn heute besuchen würde. Der Struppi wurde gebürstet und mußte „Hübschmachen" und „Bellen" üben. Er hatte es sich wohl am meisten anhören müssen, *wer* heute zum Besuch käme. Struppis

Plüschohren waren geduldig. Sie hörten es sich immer wieder an.

Dann war es soweit! Einen wunderschönen bunten Hampelmann hatten sie ihm mitgebracht, auch Obst und einen neuen Schlafanzug. Doch wichtiger war ihm eins: „Bist du nun meine wirkliche richtige Mammi?"

Mir kollerten hinter meinem Vorhang schon wieder die Tränen, Dankestränen, Freudentränen.

„Ja, mein Kind, du bist nun unser Michael! Wir haben dich sehr, sehr lieb. Und das hier ist dein Pappi!"

„Den hab ich letzten Sonntag gar nicht richtig gesehen." Und dann weiter: „Pappi, du bist 'ne Wucht!" Seine blauen Kulleraugen strahlen ihn nur so an.

Plötzlich wirft er ihnen seinen über alles geliebten Struppi entgegen und ruft: „Ich habe beim Christkind ein neues Halsband für ihn bestellt. Das muß aber auch richtig passen, und ein ganz hübsches muß es sein. Und einen Pappi und eine Mammi hab ich jetzt schon – und es ist noch nicht mal Weihnachten! Au, fein!"

Als man ihm Struppi beim Abschied wieder aufs Bettchen zurückwerfen will, ruft er ganz aufgeregt: „Nein, nicht! – Nein! Der soll mich mit abholen, wenn ihr kommt! Aber noch nicht, ich kann ja noch nicht laufen! Aber stehen kann ich schon!"

Mit seinem Hampelmann im Arm schläft er an diesem Abend ein, ein kleiner, glückseliger Michael. Was mag alles in einer solchen Kinderseele vor sich gehen? Wollte er ein Bindeglied schaffen zwischen den neuen Eltern und sich, indem er ihnen sein Liebstes, seinen schon so arg mitgenommenen Struppi mitgab? Wollte er sich Gewißheit verschaffen: Sie holen mich wirklich, Struppi kommt ja auch mit? Welch eine Kostbarkeit, wenn einem eine Kinderseele anvertraut wird! Welche Möglichkeiten! Welch eine Saat auf Hoffnung!

Das große Glück

Die ersten Schritte hinkte unser kleiner Michael stolz und voller Freude seinen neuen Eltern entgegen, mitten in ihre ausgebreiteten Arme hinein. Was wird er zu Hause wohl zu einem lebendigen, kleinen Pudel gesagt haben, wenn er jetzt schon seinen geliebten Struppi mit dem neuen Halsband nicht aus der Hand ließ?

Ich glaube, das Weihnachtsfest wird unser Michael nie in seinem Leben vergessen haben, denn hinter dem Weihnachtsbaum standen seine geliebte, alte Omi und sein großer Bruder Jörn. Eine ganze, große und glückliche Familie war plötzlich beieinander. Und trotz Kriegswirren, trotz Bomben, Tod und Elend las der junge Arzt:

„Ehre sei Gott in der Höhe, und Frieden auf Erden und den Menschen ein Wohlgefallen!“

Man hatte der Großmutter angeboten, mit Jörn zu ihnen zu ziehen. Doch die schlichte, einfache Frau wollte für Jörn sorgen, solange sie noch konnte. Zu Besuch wollten sie gern recht oft kommen und das große Glück genießen, das ihnen damit geschenkt war: alle beieinander zu bleiben – eine ganze Familie. Ja, dafür wollte sie Gott ihr Leben lang danken, sagte die alte Oma.

Im nächsten Jahr erhielten wir einen Brief von dem glücklichen Arztehepaar. Alles war bei den Behörden schnell und reibungslos mit der Adoption geordnet. Welche Freude hatten sie an ihrem Michael! Er hatte eigenhändig eine in Druckschrift geschriebene Karte aus den Bergen beigefügt und erzählte, daß er tüchtig mit seinen Skiern die Abhänge hinabsause.

Dann brach die Verbindung ab. Wir hörten nichts mehr voneinander. Das ist auch nicht so wichtig. Wir wissen den kleinen Michael unter den Segenshänden unseres himmlischen Vaters – und die ganze Familie dazu.

Das „untergeschobene" Weihnachtsengelchen

Noch ein Weihnachtserleben besonderer Art fällt in die Schlußphase des Krieges hinein. Es hat mich zutiefst erschüttert. Aber noch vielmehr erschütterte es die armen Eltern, die ihr einziges Kind, ihre kleine Katrin, suchten. Bei der Bergung der Überlebenden aus einem Röhrenbunker in Hamburg-Barmbeck waren sie auseinandergekommen.

Als das Ehepaar aus der Bewußtlosigkeit erwachte, befand sich der Mann in einem Hamburger, die Frau in einem auswärtigen Krankenhaus. Durch die Fürsorgerinnen des jeweiligen Krankenhauses wurden die Ehegatten ermittelt und das Ehepaar wieder zusammengeführt. Nun standen sie vor mir, die jungen Eltern, verzweifelt und nervlich völlig am Ende. Sie suchten ihre dreijährige Katrin. Ein Bild von ihr hatten sie mitgebracht.

Das rote Mäntelchen

Ich ging mit den Eltern über alle Kinderstationen. An jedem Bettchen verharrten sie schweigend, in welchem ein etwa dreijähriges Mädchen mit dunklen Haaren lag. Aber ihr Kind war nicht darunter. Enttäuscht und verzweifelt standen sie vor mir. Ein rotes Mäntelchen hätte Katrin im Luftschutzkeller angehabt.

Ein rotes Mäntelchen? Da kam mir ein Gedanke. Aus einem Hamburger Krankenhaus hatte man uns einen ganzen Lastwagen voll verschmutzter Kleidung gebracht, die man den Verletzten zum größten Teil hatte vom Leibe schneiden müssen. Wir standen vor einem Riesenberg blutverkrusteter und zerrissener Sachen, die bis an die Decke aufgestapelt waren. Sollten Kranke entlassen werden, so suchten wir in diesem stinkenden, schmutzigen Haufen nach einem passenden Stück, wuschen, plätteten und nähten die

Nächte hindurch, damit am nächsten Tag bei der Entlassung die Genesenen etwas anzuziehen hatten.

Kurz entschlossen zogen die Eltern ihre Mäntel aus. Kleidungsstück um Kleidungsstück wanderte durch ihre Hände. Unermüdlich suchten sie nach dem roten Mäntelchen ihres Kindes.

Es war zuviel für die junge Mutter. Der entsetzliche Staub und der üble Geruch mochten auch dazu beigetragen haben. Bewußtlos brachten wir sie in mein Zimmer und legten sie aufs Bett. Unentwegt suchte der Vater weiter, während ich bei der Frau blieb und zur Stärkung für uns alle eine Kanne Tee aufgoß.

Selbst dem Umfallen nahe und schon völlig entmutigt, hielt der Vater plötzlich ein rotes Mäntelchen in seinen zitternden Händen. Mit einem Freudenschrei stürzte er zu seiner Frau hinüber in mein Zimmer: „Gerda! Gerda! Katrins rotes Mäntelchen ist da! Dann muß sie doch hier sein!"

Stumm riß die junge Frau das Mäntelchen an sich. Ein Schluchzen erschütterte die kleine, abgezehrte Gestalt. Still saß der Mann an ihrer Seite und streichelte ihre Hand. „Jetzt werden wir unsere Katrin auch wiederfinden."

Ein zweites Mal gingen wir durch die Kinderstationen. Katrin fanden wir nicht. Ich gab den Eltern Anschriften von auswärtigen Kinderheimen, wohin wir namenlose Kinder gebracht hatten, um für Neuverletzte und Todkranke Platz zu machen. Nach notdürftiger ärztlicher Behandlung wurden die Transportfähigen in die Ausweichkrankenhäuser außerhalb Hamburgs weiterverlegt.

Vergebliches Suchen

Nicht ganz ohne Hoffnung verließ mich das unglückliche Elternpaar. Das war im Juli. Bis zur Adventszeit im Dezember erschienen die Eltern siebenmal, immer verzweifelter. In keinem Kinderheim hatten sie ihre

Katrin gefunden. Jedes Mal brachten sie das rote Mäntelchen wieder mit. Man konnte die stumme Anklage in ihren Augen fast nicht mehr ertragen. Bei der Mutter hatte sich der Gedanke festgesetzt: „Wo das rote Mäntelchen war, da muß auch unser Kind sein."

Einmal in der Adventszeit suchte mich der Ehemann allein auf. Ich befürchtete schon, seiner Frau wäre etwas zugestoßen. „Nein, nein! Das nicht. Aber ich habe solche Angst, sie dreht mir durch und verliert den Verstand!" Er glaubte selber nicht, daß sein Kind noch am Leben sei.

Aus Elke wird Katrin

Plötzlich schoß mir ein Gedanke durch den Sinn. Unter den später eingelieferten und bereits zur Adoption freigegebenen Waisenkindern sah meiner Meinung nach eins der kleinen Katrin etwas ähnlich. Doch konnte ich mich täuschen, weil ich ja nur ein Bild von ihr gesehen hatte.

Trotzdem wagte ich es, auf die Gefahr hin, daß ich nur neue Wunden aufriß. Wortlos nahm ich den Vater mit an das Bettchen des kleinen Waisenkindes. Es sollte eigentlich schon lange entlassen sein, aber bisher hatte ich immer noch keinen Heimplatz für das Kind gefunden.

In dem schweigsamen Mann neben mir mußte ein Plan gereift sein, um seiner seelisch kranken Frau zu helfen. Gottes Handeln ist immer wunderbar, daß man nur immer wieder staunend anbeten kann. Alles geschah dann so schnell, daß ich innerlich kaum Schritt halten konnte und nur still daneben stand.

Mit ihren großen, braunen Augen sah die Kleine den Mann an, der an ihrem Bettchen stand. Unvermittelt fragte sie in die Stille hinein: „Bist du Elke ihr Pappi?"

Da fiel im Herzen des Mannes die Entscheidung. Er griff nach den ausgestreckten Händchen und hob das Kind auf seine Arme. Kleine Kinderärmchen schlossen sich fest um seinen Hals. Wir haben uns beide unserer Tränen nicht geschämt. Und dann plauderte er mit dem Kind, wie nur ein Vater mit seinem Kind reden kann: „Und ein schönes rotes Mäntelchen bringen wir dir mit, wenn Mutti und ich dich holen."

„O, wie fein!" rief sie ein übers andere Mal und klatschte vergnügt in ihre kleinen Patschhändchen. Man merkte deutlich, an die eigenen Eltern hatte die Kleine keinerlei Erinnerungen.

Bei dem Vater war die Entscheidung gefallen. Er wollte es wagen. Das Kind sollte am kommenden Sonntag seiner Frau im roten Mäntelchen entgegenlaufen, wenn bei den Großeltern der Weihnachtsbaum angezündet würde.

Wir putzten unsere kleine Elke heraus, als wäre sie ein kleiner Weihnachtsengel. Nur die Haarfrisur machte uns Kummer und Kopfzerbrechen. Wir machten mit viel Mühe und mit viel Hallo einen Pagenkopf zurecht. Selbst Ärzte und Schwestern halfen mit und gaben Anleitung. Wir hatten Elke schon lange umgetauft und sie Katrin gerufen, weil der Name angeblich doch viel schöner für sie wäre. Wie schnell hatte sie sich daran gewöhnt und wußte jetzt schon gar nicht mehr, daß sie Elke geheißen hatte.

Ein glücklicher Vater holte sein glückliches Kind ab. Das letzte, was wir von Katrin sahen, war eine winkende, kleine Patschhand und ein wippendes, rotes Mäntelchen.

Was Gott schenkt, ist wunderbar

Im Sommer des nächsten Jahres kam die glückliche Mutter mit ihrer kleinen Katrin zu Besuch. Sie wollte uns ihren kleinen Weihnachtsengel noch einmal zeigen. Mir war nicht ganz wohl dabei, als sie sagte: „Ich wußte es so bestimmt damals: Katrin mußte bei Ihnen sein!"

Sie ahnte und wußte also immer noch nichts von unserem „untergeschobenen" Weihnachtsengel. Mich wollte das ein wenig bedrücken. Doch das war nun Sache des Ehemannes. Und wenn er es ihr später wirklich einmal sagen mußte – dann war bestimmt kein Unterschied mehr zwischen einem eigenen Kind und einem „untergeschobenen Weihnachtsengel im roten Mäntelchen".

Was Gott schenkt, ist stets so wunderbar, daß alles Menschliche übertroffen wird.

Gnadenbringende Weihnachtszeit

Mir ist das Herz voll jubelnder Weihnachtsfreude. Ob ich wohl heute wenigstens einem Menschen von dieser großen Freude sagen darf? „HErr, schenk es mir!"

Mit diesem Gedanken im Herzen springe ich die Treppen hinunter, um am ersten Weihnachtsmorgen ein dringendes Telegramm aufzugeben.

Draußen ist alles grau in grau. Ein feiner Nieselregen geht hernieder und hüllt die Großstadt in einen grauen Schleier ein. Von Weihnachtsstimmung kann man wirklich nicht reden. Mich kümmert's nicht. „Jesus ist kommen, Grund ewiger Freuden!"

„Freue dich, freue dich, o Christenheit!" summe ich vor mich hin, oder hab ich's gar laut gesungen? Ich weiß es nicht vor lauter Freude.

„Na, Sie lassen sich Ihre Laune durch Regenwetter wenigstens nicht verderben, wenn Sie bei einem solch trostlosen Nieselregen noch singen können!" Das redet jemand hinter mir her, als ich die Straße überquere.

„Ist Ihr Herz denn nicht voll Freude am Weihnachtsmorgen? Oder sind Sie so vom Wetter abhängig?" frag ich unter meinem Regenschirm lachend zurück. Ich warte, bis die Frau mich eingeholt hat und neben mir geht. „Es ist doch Weihnachten! Mir ist das Herz so voll Freude! Ihnen nicht? »Jesus ist kommen, Grund ewiger Freuden!«"

Wir kommen in ein Gespräch. Mein Herz jubelt. Gott hat mir einen Menschen in den Weg geführt, dem ich von Seiner Liebe zu uns armseligen Menschen sagen darf.

„Ich weiß nicht", unterbricht mich die Frau, „Sie sagen mir das alles so voller Freude – so ganz anders, als ich es bisher hörte. Einmal im Leben hab ich mit einem – wie soll ich sagen? Ein Pastor war's nicht, aber so ungefähr dasselbe – mit ihm habe ich amtsmäßig gesprochen."

Ich helfe ein wenig nach. „War es wohl ein Prediger?"

„Ja, ganz recht! Es war ein Prediger irgendeiner freikirchlichen Gemeinde, oder wie er es nannte. Das hat mir damals aber alles so gar nicht geholfen. Er sprach immer nur von Sünde und verdammen. Es war alles so furchtbar! Am schrecklichsten war, daß er von einem noch kommenden Krieg sprach, wo das Blut den Pferden bis an die Zäume reichen wird ... Wie hat mich das alles entsetzlich geplagt und verfolgt! Ich konnte einfach nicht wieder zu ihm gehen und auch nicht seine Versammlungen und Bibelstunden besuchen.

Wissen Sie, meine Mutter war gläubig. Da war alles so ganz anders. Alles war so bei ihr im Frieden und in einem wunderbaren Geborgensein. – Und bei Ihnen ist es die Freude, die einem richtig ans Herz geht! Oh, wie beneid ich Sie darum! Daß es in unserer heutigen Zeit so etwas überhaupt noch gibt!"

Hat jener alte Gottesmann in heiligem Ernst dieser Frau damals Gericht verkündigt, ich kann nicht anders, ich muß, ich darf ihr Gnade bringen, indem ich ihr von der wunderbaren Liebe unseres Heilandes zu uns verlorenen Menschen sage.

„Daß ich Sie aber auch hier so im Regen einfach angesprochen habe! Ich bin sonst so zurückhaltend und gehemmt. Wenn Sie aber auch allem Wetter zum Trotz singen und sich freuen, da mußte ich es einfach."

Wir stehen an einer Straßenecke unterm Schirm, wo unsere Wege sich trennen, und ich erzähle ihr von der Weihnachtsfreude. Was kümmert uns der Regen, was die Vorübergehenden, die sich lächelnd nach uns umsehen? Wir feiern Weihnachten unterm Regenschirm. Als ich sie zu unseren Gottesdiensten einlade, schüttelt sie eifrig den Kopf und sagt:

„Nein, ich geh noch einmal zu dem alten Gottesmann. Hat er mir Gericht gebracht, dann soll er mir jetzt auch Gnade bringen. Er kennt mein Leben. Er kannte auch meine Mutter. Kommen wir nicht miteinander zurecht – bitte, geben Sie mir doch Ihre Anschrift! –, dann komme ich zu Ihnen."

Statt der Anschrift schreibe ich ihr unsere Gottesdienste auf. Sie hat es nicht bemerkt. Das Zettelchen wandert in ihre Handtasche. Dann fährt sie fort: „Dies Begegnen ist mir ein großes Weihnachtsgeschenk. Mir ist, als freue meine Mutter sich über mich im Himmel. Wieviel hat sie in ihrem Leben für mich gebetet!"

„Und welch eine Freude wird erst im Himmel sein, wenn Sie die ganze Weihnachtsfreude erleben, Ihn selbst, Jesus Christus, der Sie sucht und liebt! Gott schenke es Ihnen bald!"

Stumm drückt sie mir die Hand und geht still davon. Das war mein Weihnachtserleben unterm Schirm im Nieselregen.

Weißt du, was die Welt von heute an uns sehen muß? – Christusfreude – Weihnachtsfreude – mitten im grauen Alltag.

Denn sie hatten keinen Raum in der Herberge

Da saßen wir nun bei unserem Glas Rotwein-Punsch, den uns unsere Wirtin vom „Heidehof“ gespendet hatte. Kriegsweihnachten – Heiliger Abend!

Die Feier im Krankenhaus war vorüber. Viel Mühe hatte man sich gegeben, es den Kranken, den Arbeitern und Angestellten doch einigermaßen nett zu machen. Ärzte und Schwestern hatten ein Märchenspiel aufgeführt. Es wurde musiziert, ja, man sang sogar einige der schönen, alten Weihnachtslieder.

Wir, die wir im Heidehof wohnten, feierten nun noch ein klein wenig mit unseren Wirtsleuten und saßen gemütlich beisammen.

An den Rockaufschlägen einiger Herren prangte das Parteiabzeichen des Nazi-Regimes. Sie waren sich ihrer Würde voll bewußt. Um so mehr verspürte ich die große Kluft heute, am Heiligen Abend, ganz besonders. Um meine innere Einstellung wußte man nur zu gut. Man duldete mich, weil sie auf meinen Dienst an den Kranken angewiesen waren. Aber unbequem war ich ihnen bestimmt. Doch – was können uns Menschen tun, wenn die gute Hand unseres Gottes über uns ist! Nur zu oft hatte ich das erlebt. Ich ahnte nicht, daß mir an diesem Heiligen Abend noch eine besondere Weihnachtsfreude werden sollte.

Der späte Gast

Als man anfing, Karten „zu kloppen“, verabschiedete ich mich und wünschte allen eine gute Nacht. Die oberen Schlafräume wurden nur wenig durchheizt. Die unteren Gastzimmer jedoch waren mollig warm. So ging ich ins Nebenzimmer, um noch einmal das Weihnachtsevangelium zu lesen. Die Tür stand einen Spalt offen.

Kaum hatte ich die Bibel aufgeschlagen und einige Verse gelesen, als die Gasthaustür sich öffnet und eine große, schlanke Männergestalt sich den Schnee von

Mantel und Mütze klopft. Die Kartenspieler sind so bei der Sache, daß sie den späten Gast gar nicht beachten. Fast scheint es, als hätten sie sein Kommen gar nicht bemerkt. Oder denken sie gar, es sei der Förster? Kurz blickt er umher, kommt ins Nebenzimmer und setzt sich mit einem stummen Gruß an meinen Nebentisch.

Komisch, daß er am späten Abend eine dunkle Sonnenbrille trägt! Ist es des Schneesturmes wegen? Das wäre verständlich. Aber hier drinnen in der Wärme könnte er sie doch abnehmen. Warum ist er denn überhaupt am Heiligen Abend unterwegs, wo doch jeder, wenn irgend möglich, in der Familie ist und feiert? Ist er etwa ein Ausgestoßener? Solche Gedanken jagen in meinem Kopf herum.

Die Wirtin kommt. Sie scheint auch nicht gerade von dem späten Gast erbaut zu sein. Ob wohl ein Zimmer für eine Nacht frei sei, fragt er. Sie schüttelt den Kopf. Ihr Gasthaus sei von Angestellten des Krankenhauses belegt.

„Und sonst irgendwo?"

Nein, heute, Weihnachten, wolle jeder seine Ruhe haben.

Plötzlich steht der Vers aus dem Weihnachtsevangelium vor meinem Innern: „... *denn sie hatten keinen Raum in der Herberge.*" Was mag in dem Gast vorgehen? Wenn er doch nur die schreckliche Brille abnehmen würde, daß man wüßte, wie er aussieht! Dann fragt er zögernd weiter, ob er wohl irgendeine Kleinigkeit zu essen bekommen könnte. Aber Marken hätte er leider nicht. Auch das wird verneint. Mit einer hilflosen Geste fährt er sich über die grauen Schläfen. Meine Anteilnahme für den Fremden wird immer größer. Liebevoll hake ich mich bei unserer guten Wirtin unter und ziehe sie in die Dunkelheit des Hausflures hinaus.

„Sie boten mir vorhin ein zweites Glas Punsch an. Ich trank nur eins. Darf ich das zweite jetzt für den

Gast haben? Er tut mir so leid, und – es ist doch Weihnachten heute! Bitte!"

Sie lacht ihr kleines, helles Lachen, das ich so gern höre. „Immer bitten Sie für andere! Und das Schlimme dabei ist: Ihnen kann man einfach nichts abschlagen!"

Vor Freude kneife ich ihr in den Arm und rufe noch hinterher: „Mudder Ebel, wennt geiht, denn man 'nen schönen Stiefen!" Es ist dann tatsächlich ein richtiger Rum-Grog, der dann dampfend vor dem Gast steht und kein „Punsch", den wir hatten.

Der Gast gibt sich zu erkennen

Es drängt mich, dem Fremden die Hand zu geben. Ich wünsche ihm ein gesegnetes Weihnachtsfest und sage dann: „Der Grog wird Ihnen gut tun! Trinken Sie ihn auf Ihr Wohl!"

„Darf ich mich zu Ihnen setzen?" fragt er. Mir ist, als hätte ich ein Zittern in seiner Stimme gehört.

„Aber gern! Bitte, kommen Sie nur!"

Die aufgeschlagene Bibel schiebe ich etwas zur Seite. Heiligabend neben einem wildfremden Menschen! Ich hatte das wahrlich nicht von mir aus herbeigeführt, also mußte er von „oben" kommen.

Plötzlich bin ich innerlich hell wach und ganz für den Fremden da. Hat er Kummer? Irgend etwas ist mit ihm, aber was? Er starrt in sein Glas, und tiefes Schweigen nistet zwischen uns. Innerlich flehe ich zum HErrn, mir doch einen Weg zum Herzen dieses sonderbaren Mannes zu bahnen und ihm selber einen Weihnachtssegen zu schenken.

Als er sein Glas geleert hat, sagt er in die Stille hinein: „Ich bin so dankbar, daß Sie da sind!"

Wieder ist es still. Ich höre kaum hin, was er sagt. Mich stört die schreckliche, dunkle Brille, und ich bitte ihn, ob er sie nicht abnehmen möchte. Er schweigt. Muß er sich etwa zu einem Entschluß durchringen? Plötzlich strafft sich sein Körper. Langsam nimmt er die Brille ab. Vor mir sitzt ein Sohn Abrahams – ein

Jude. Er zieht seinen Schal zur Seite. Ein gelber Davidsstern wird auf seinem Rockaufschlag sichtbar.

Jetzt ist mir alles klar. Immer noch sieht er mich an. Als Antwort strecke ich ihm meine Hand entgegen.

„Ihnen vertraue ich... aber da drüben die Herren mit dem Parteiabzeichen...!"

Ich nicke. „Harmlos sind sie gerade nicht! Aber sagen Sie – kann ich Ihnen irgendwie helfen? Vor allen Dingen setzen Sie schnell Ihre Brille wieder auf – und – wechseln wir die Plätze, daß sie den andern den Rücken zukehren. Ich gebe Ihnen Bescheid, falls es einem der Herren einfallen sollte, hierher zu kommen."

Auf der Flucht

Was ich erfahre, bewegt mich tief. Frau und Kinder sind rechtzeitig von ihm nach England gebracht worden. Er selber will trotz großer Gefahr versuchen, über Holland, wo Freunde auf ihn warten, zu seiner Familie zu gelangen. Ich halte ihn für einen Sechzigjährigen. Zehn Jahre jünger ist er. Obgleich das Äußere täuscht – sein Wille und seine Kraft sind noch ungebrochen.

Nachts in Kälte und Dunkelheit marschiert er, und blindlings vertraut er dem Gott Abrahams, Isaaks und Jakobs von einem Obdach zum andern. Immer wieder hätten treue Menschen ihm irgendeine Anschrift gegeben zum Weiterkommen. Mit der Bahn wage er der häufigen Kontrollen wegen nicht zu fahren. Nur heute hätte er keine Unterkunft, keine Anschrift bekommen. Aber mit unwiderstehlicher Gewalt hätte es ihn in dieses Gasthaus hineingezogen.

Soviel ich auch dachte und überlegte – alles schien nicht das Richtige zu sein. Innerlich schrie ich in meiner Not zum HErrn: „Laß ihn, der einer aus Deinem Stamme ist, Deine Macht, Deine Herrlichkeit erleben!"

Mutter Ebel hilft mit

Die Wirtin kam erneut zu uns ins Zimmer.

„Na, hat der Herr sich überlegt, was er machen will?"

Eisiges Schweigen. Da faß ich mir ein Herz. „Mutter Ebel, Sie sind eine so treue und gottesfürchtige Christin – wir brauchen Ihre Hilfe!"

Aufmunternd nicke ich meinem Gegenüber zu. Er versteht. Er nimmt seine dunkle Brille ab und zeigt seinen Judenstern. Mutter Ebel unterdrückt einen Aufschrei und will sich den Mund zuhalten. Dabei kommt sie ganz gefährlich mit ihrer Zahnprothese ins Gehege. Wir müssen lächeln, aber alles Erregende wurde dadurch überbrückt.

Als erstes steht sie entschlossen auf und lehnt die Tür an. Dann ist plötzlich alles gar keine Frage mehr. Ich solle zurück ins Krankenhaus gehen und mich dort bis zum andern Abend aufhalten. Ich würde schon irgendwo auf einer Station einen Platz zum Schlafen finden. Meine Arbeitskameradin, mit der ich mein Zimmer im Gasthaus teilte, war in Hamburg und kam bestimmt erst nach den Feiertagen zurück. Wenn ich dem Herrn mein Bett zur Verfügung stellen würde, hätte sie nichts dagegen.

Essen würde er nach oben bekommen. Sie würde es ihm selber bringen. Sollten die andern doch denken, ich fühle mich nicht wohl und läge im Bett. Sie würde mit einem gläubigen, gottesfürchtigen Bauern reden, der ihn dann abends mit einem Pferdeschlitten weiterbringen würde. Weit und breit kenne man den Bauern in der Gegend, und ich wäre ja vom Krankenhaus. Da könne nichts schiefgehen.

„Und Gott wird Seinen Segen dazu geben", sage ich.

„Amen!" fügt unser Gast hinzu – und plötzlich falten wir alle drei die Hände.

„Oh, mein Gott, ich danke Dir!" kommt es leise von seinen Lippen.

Auch ich bitte den HErrn um Gelingen unseres Planes und befehle uns der Liebe unseres himmlischen Vaters an. Während unser Gast und ich noch eine Weile beisammensitzen, hat unsere Wirtin es auf einmal sehr eilig. Als ich ihn etwas später nach oben in mein Zimmer bringe, trauen wir unseren Augen kaum. Das Bett ist frisch bezogen, und ein warmes Essen wartet auf ihn: Rehbraten, Gemüse, Kartoffeln und ein Glas Rotwein. Ich fliege der guten Wirtin um den Hals und gebe ihr einen schallenden Kuß – und unserm Weihnachtsgast laufen die Tränen über die Wangen. ... und es ist doch Raum in der Herberge!

Fahrt durch die Weihnachtsnacht

Fröhlich stapfte ich durch den tiefen Schnee ins Krankenhaus zurück und schloß mich in unserem Sprechzimmer ein. Es war schon besser, man hörte und sah mich nicht, damit keinerlei Fragen auftauchten. Die Nacht auf einem hölzernen Stuhl vor dem Schreibtisch verbringen, und den nächsten Tag nur von einem Stück Kriegsstollen leben ... und das am Weihnachtsfest ... nun, so angenehm war es ja auch gerade nicht. Doch was tat's ... wenn dadurch Raum gemacht wurde in der Herberge!

In der Dunkelheit des ersten Weihnachtstages hielt der Pferdeschlitten vor unserem Gasthaus. Unsere Wirtin stand „Schmiere", daß unser Freund unbehelligt in den Schlitten kriechen konnte. Fein warm war es im Stroh durch die warmen Mauersteine, die man hineingelegt hatte. Ich aber thronte mit meiner Rot-Kreuz-Armbinde neben dem Bauern, und mit Schellengeläut fuhren wir durch den stillen Weihnachtsabend. Ich wußte weder Weg noch Ziel. Menschen trafen wir kaum. Doch in einem Dorf rief ein Bauer: „Wihnachten, un denn ünnerwegs, Fritz?"

„Na ja, dor kümmt mannichmal watt, watt man vörher nich weet!" rief er zurück.

Und als er meine Armbinde mit dem Roten Kreuz sah, meinte der Bauer: „Ja, ja, ick weet! Mit'n Krankenhus und so – dor kommt immer mal watt Unverhofftes."

Er rief seinen Hund und verschwand in der Dunkelheit. Zu unsern Füßen im warmen Stroh aber lag wohlverborgen unter Decken unser Freund.

„Der Gott unserer Väter, den wir gemeinsam lieben, segne Sie und vergelte es Ihnen!"

Das waren seine Dankesworte, als wir ihn spät abends bei einer Familie ablieferten. Bis an die holländische Grenze haben treue Bauern ihn gebracht, immer wieder ein Stück weiter. Wir kannten sie nicht mit Namen, und kaum wußte einer etwas vom andern – aber sie alle halfen mit, daß „Raum gemacht wurde in der Herberge". – „Die Ihn aber aufnahmen, denen gab Er Macht, Gottes Kinder zu werden."

„Was ihr getan habt einem unter diesen Meinen geringsten Brüdern, das habt ihr Mir getan."

Weit nach Mitternacht, als wir heimwärts fuhren, nahm ich den Platz unseres Freundes im warmen Stroh ein. Schellengeläut – Weihnachtsfreude im Herzen! Mir war, als führen wir direkt in den Himmel hinein.

„Siehe, ich verkündige euch große Freude, denn euch ist heute der Heiland geboren!" so klang es in mir nach. Ja, solche Weihnachtsfreuden kann nur Er schenken, Jesus Christus, der Welt Heiland.

Eine seltsame Weihnachtsfeier

Richtig Angst konnte man vor ihm bekommen! Er hauste mit seiner alten Mutter in einer der düsteren Terrassenwohnungen nahe der Hamburger Straße auf der Uhlenhorst in Hamburg. Doch war er ein Genie, was Musik anbetraf.

Er gab Musikunterricht in seiner Erdgeschoß-Wohnung und hatte gute Schüler. Die andern Terrassenbewohner haßten ihn, natürlich der Musik wegen. Es gab kein Instrument, das er nicht spielte.

Als eines Tages dann auch noch ein Trompeten-Schüler auftauchte, und sonderbare Töne aus seinem Instrument hervorquollen, taten sich die Nachbarn zusammen, um sich beim Hauswirt zu beschweren. Sie konnten die musikalischen Übungen einfach nicht mehr ertragen.

Unserem „Genie" wurde gekündigt, und das schon zum nächsten Ersten. Wir kamen aus dem Staunen nicht heraus, als wir eines Tages an einer alten, verwohnten Villa im Winterhuderweg ein großes Schild entdeckten: „Schürers Konservatorium für Musik."

Die Kinder liefen vor ihm weg

Er war Jude. Seine Mutter war eine liebe, alte Frau mit schlohweißem Haar und braunen Augen. Sie führte ihrem Sohn den anspruchslosen Haushalt. Wir hatten sie gern und plauderten ein Weilchen mit ihr, wenn sie in unserem Weißwarengeschäft etwas kaufte.

Aber vor ihrem Sohn konnte man Angst bekommen, Angst, die einem den Rücken langsam rauf- und runterkroch. Dabei tat er keiner Fliege etwas zuleide. Kleinere Kinder liefen vor ihm weg, wenn er mit seinem Geigenkasten unterm Arm mit Riesenschritten daher kam.

Er hatte immer rote, entzündete Augen. Den breitkrempigen Schlapphut hatte er entweder so tief ins Gesicht gedrückt, daß man nur die große Nase und die immer zusammengepreßten Lippen sah, oder er hatte ihn so weit nach hinten geschoben, daß man dachte, er würde ihn jeden Augenblick verlieren. Von Kopf bis zu Fuß war er ein Original, ein furchteinflößendes Genie.

Ein sonderbares Kennenlernen

Wir, meine Schwester und ich, liebten die Juden, weil auch Jesus ein Jude war. Aber „unsern Schürer", wie wir ihn nannten, liebten wir doch mit einigem Zittern.

Kennengelernt hatten wir ihn bei dem alten Geigenbauer, der ein gläubiger Christ war und im Keller unseres Hauses seine Geigenbauer-Werkstatt hatte. In zwei Zimmern, die sich daran anschlossen, lebte er sein bescheidenes Dasein.

Als wir diesem alten Vater Pöllmann von unserer Mutter eine Suppe runterbringen sollten, hockte Schürer auf einem Holzschemel und stimmte eine alte, gerade ausgebesserte Geige. Er sah uns gar nicht, so beschäftigt war er. Wir hielten förmlich den Atem an, als er plötzlich den Bogen ergriff und über die Saiten strich. Mit geschlossenen Augen stand Schürer da und entlockte dem Instrument Töne, daß wir uns beinahe in eine andere Welt versetzt fühlten. Wir lauschten — lauschten und lauschten und vergaßen alles um uns her.

Vater Pöllmann löffelte inzwischen seelenvergnügt Mutters Suppe mit behaglichem Schlürfen. Wir fanden erst in die Wirklichkeit zurück, als das Spiel plötzlich abbrach, der Jude dem Alten den Löffel entriß und heißhungrig den Rest der Hühnersuppe schmatzend sich einverleibte. Wie erschraken wir, als Vater Pöllmann und der Jude sich dann unversehens ansahen und in ein schallendes Gelächter ausbrachen, daß man beinahe meinte, das Trommelfell müsse uns platzen!

Als Schürer uns die Hand reichte, mit der er noch eben seinen Fettmund abgewischt hatte, brachten wir es nicht weiter als bis zu einem hilflosen Lächeln. Die ganze Lage war so urkomisch. Freundschaftlich schlug er meiner großen Schwester auf die Schultern, daß sie sanft in die Knie ging. Dann aber lachten auch wir von Herzen, und der Bann war gebrochen.

Einmal kam er mit zur Bibelstunde

Wir sahen uns oft beim alten Vater Pöllmann, dem Geigenbauer. Wir begegneten unserem Schürer auch auf der Straße und bei uns im Geschäft. Seine alte Mutter hatten wir von Herzen gern, aber ihn umgab etwas Unheimliches, was wir nicht erklären und beschreiben konnten. Es war nicht nur sein furchterregendes Äußeres, der wehende Bart, die immer unruhigen, feurigen Augen – nein, es mußte noch etwas anderes sein.

Später erfuhren wir es: in seiner alten, dunklen Villa wurden spiritistische Sitzungen gehalten. Seitdem wir das mit Bestimmtheit wußten, war er mir noch unheimlicher. Ich mied ihn, wo ich nur konnte. Die große Schwester dagegen empfand keinerlei Furcht. Zum Glück hielt er sich auch nur im Laden bei uns auf. Mutter hatte es uns streng verboten, ihn jemals mit in die Wohnung zu nehmen.

Oft habe ich ihn und meine Schwester über die Bibel, über Jesus Christus und Seine Erlösungstat hinter der angelehnten Ladentür reden hören, manchmal auch unten bei dem alten, gläubigen Geigenbauer. Da ging es oft heiß her.

Ein einziges Mal kam er auch mit in unsere Bibelstunde, die von der Freien evangelischen Gemeinde gehalten wurde. Natürlich fiel er schon durch seine äußere Erscheinung auf. Aller Augen waren auf ihn gerichtet.

Zwei Bibelworte hingen in Brandmalerei an den Wänden des Saales:

„Das Blut Jesu Christi, des Sohnes Gottes, macht uns rein von aller Sünde." (1. Johannes 1, 7.)

und:

„Wer an den Sohn glaubt, der hat das ewige Leben."
(Johannes 3, 36.)

Als er diese beiden Worte laut vor sich hin las, wurde er von einer solchen Unruhe erfaßt, daß er aufstand und beide Sprüche umdrehen wollte. Nur mit Mühe konnte meine Schwester ihn daran hindern.

In dieser Stunde hat er wenigstens das klare, reine Evangelium gehört, wenn auch voller Unruhe und Widerspruchsgeist. Er konnte während der Predigt kaum stillsitzen und war auch als erster draußen.

„Jesus Christus ist der HErr!"

Der plötzliche Tod seiner Mutter hatte ihn sehr mitgenommen. Nun war niemand mehr da, der für ihn sorgte und gut zu ihm war. Weihnachten kam heran. In der Sonntagschule sollte ich das Weihnachtsevangelium aufsagen. Ich hatte es auswendig gelernt und versuchte, es unserem alten Geigenbauer ohne zu stokken, aufzusagen. Er nahm ja an all unserer Freude Anteil und auch an manchem kindlichen Leid.

Eben hatte ich gesagt:

„Siehe, ich verkündige euch große Freude, die allem Volk widerfahren wird, denn euch ist heute der Heiland geboren, welcher ist Christus, der HErr, in der Stadt Davids ..."

Weiter kam ich nicht.

„Aufhören!" schrie vom Flur her eine Donnerstimme. Wutentbrannt fuchtelte Schürer mir mit einem Geigenstock vor der Nase herum.

Wie angewurzelt blieb ich stehen. Aber es war keine Angst in mir, als ich sagte: „Ach, Herr Schürer, mögen Sie auch noch so wettern, einmal – einmal müssen auch Sie es erkennen: Jesus Christus ist der HErr."

Er schrie nur noch um so lauter und tobte wie ein Wilder: „Raus! – Raus mit dir!"

Ich stand wirklich plötzlich draußen auf der dunklen Kellertreppe. Aber tiefes Erbarmen war seitdem in meinem Herzen, und nie habe ich mehr das Unheimliche in seiner Gegenwart verspürt.

„Ich wußte, daß du kommst!"

Dann kam der Heilige Abend. Wir hatten noch viel an Handarbeiten für die Kundschaft abzuliefern, und es war keine Minute Zeit für etwas anderes. Als Mutter mich zum Einkaufen schickte, machte ich trotzdem einen kleinen „Abstecher". Es würde das erste Weihnachtsfest für unsern „Judenfreund" ohne seine Mutter sein. Mir kam gar nicht der Gedanke, daß für die Juden das Weihnachtsfest völlig unwichtig ist. Vielmehr sann ich nach, ihm eine Freude zu machen.

Zwei rosa Rosen kaufte ich – eine kleine Kostbarkeit mitten im Winter, eine Kostbarkeit für ein Kinderherz, das Freude schenken möchte. Von zu Haus hatte ich heimlich eine Vase in die Einkaufstasche geschmuggelt, und nun eilte ich hin zu der düsteren, alten „Schürer-Villa"! Ganz heiß wurde mir, als ich vor dem mystischen, verkommenen Haus stand und läutete. Keinerlei Erstaunen zeigten seine entzündeten, immer rotgeränderten und triefenden Augen, als ich vor ihm stand.

„Ich wußte, daß du kommst. Ich hab das gespürt." Mit diesen Worten schob er mich in den großen Musiksaal hinein.

„Ich habe nicht viel Zeit", stotterte ich verlegen. „Ich wollte Ihnen nur schnell ein gesegnetes Weihnachtsfest wünschen. Es ist das erste ohne Ihre liebe Mutter."

Hatte er es überhaupt gehört, was ich sagte? Die Hände auf dem Rücken, so stand er da und schaute durchs Fenster auf die verschneite Straße hinaus.

Still stellte ich die beiden Rosen auf den kostbaren Flügel und das Gotteswort dazu:

„So sehr hat Gott die Welt geliebt, daß Er Seinen einzigen Sohn gab, auf daß alle, die an Ihn glauben, nicht verloren werden, sondern das ewige Leben haben."

(Johannes 3, 16.)

Auf Zehenspitzen wollte ich mich hinausschleichen, als er durch den Raum donnerte: „Hierbleiben!"

Den Türdrücker hatte ich schon in der Hand. Mit einer Zartheit, die ich ihm nur in seiner Musik zugetraut hätte, faßte er mich beim Arm und setzte mich in einen Sessel. Meine Rosen, meine Spruchkarte sah er überhaupt nicht. Seine feingliedrigen Hände glitten über die Tasten dahin. Plötzlich bat er mich, das Weihnachtsevangelium aufzusagen. Ich erschrak beinahe vor meiner eigenen Stimme in dem großen Saal. Aber eine unbändige Freude war in mir. Das war Gottes Wort, die Frohe Botschaft ganz für ihn allein.

„... Und die Hirten kehrten wieder um, priesen und lobten Gott um alles, was sie gehört und gesehen hatten, wie denn zu ihnen gesagt war!"

Dann war es still, ganz still zwischen uns. Und noch einmal – ich konnte es aus übergroßer Freude nicht lassen – sagte ich in die lautlose Stille hinein:

„So sehr hat Gott die Welt geliebt, daß Er Seinen einzigen Sohn gab, auf daß alle, die an Ihn glauben, nicht verloren werden, sondern das ewige Leben haben."

(Johannes 3, 16.)

Den Kopf tief gebeugt, mit geschlossenen Augen, so saß er da. Schnell eilte ich hinaus, und diesmal hinderte er mich nicht daran. In mir war ein Glück, wie ich es nicht beschreiben kann und jubelnde Weihnachtsfreude.

Ja, auch über Zion wird einmal aufgehen der helle Morgenstern, denn:

„Christ, der Retter, ist da!"

Eine unverhoffte Weihnachtsfeier mit ihren Folgen

Voller Freude hatte ich vor dem Fest eine Ente erstanden. Ich hatte sie mir von Verwandten aus der Lüneburger Heide schicken lassen und stiftete sie zum Festessen bei Freunden und tat noch einiges andere hinzu. Und doch wurde es kein Fest der Freude und des Friedens. Es war, als wäre der altböse Feind selbst zwischen die Festfreude getreten, um alles durcheinanderzuwerfen, um Unfrieden, Hader und Zwietracht anzurichten. Alle Mühe, Frieden zu stiften, schlug fehl. Traurig und niedergeschlagen fuhr ich in die stille Heide zurück. Als ich für mich über Gottes Wort betete, da kehrte tiefe, stille Weihnachtsfreude ins Herz zurück.

Die letzten Strahlen der untergehenden Sonne glitten wie liebkosend über Baum und Strauch. Neuschnee knirschte unter meinen Füßen. Wie durch einen Märchenwald bin ich geschritten, der sich rings um mich ausbreitete in seiner schimmernden, weißen Pracht. In der Ferne die stille, weite Heide in weihnachtlichem Abendsonnenglanz. Oh, du wunderbarer Weihnachtsfriede!

Hinter dunklen Föhrenwäldern ist die Sonne wie eine Feuerkugel verschwunden. Schon senkt sich Dämmerung herab, als ich das Krankenhausgelände wieder erreiche.

Weihnachtsstunde mit fremden Busfahrern

Besucherbusse parken abseits unter Kiefern. Unter vielen andern steht dort auch der Bus der Bundesbahn, mit dem wir regelmäßig nach Hamburg fahren. Die beiden Fahrer haben sich bei der eisigen Kälte in eine Wagenecke gekuschelt. Ich klettere zu ihnen in den Bus hinein und wünsche ihnen ein gesegnetes Weihnachtsfest. Erschreckt und verlegen stehe ich plötzlich vor zwei mir völlig fremden Fahrern, die ich nie gesehen habe.

„Hat sich so was mit »fröhlichem und gesegnetem« Weihnachten!“ knurrt da einer aus seiner Ecke heraus, aber durchaus nicht unfreundlich.

„Sind Sie ein bißchen verstimmt, weil Sie heute an Weihnachten Dienst machen müssen? Warum sitzen Sie denn hier in der Kälte? Gehn Sie doch in die Kantine und trinken Sie eine ordentliche Tasse heißen Kaffee!“ Ich will den beiden den Weg zur Kantine beschreiben.

„Wenn's man noch zu einer Tasse Kaffee reichen würde!“ klingt's mißmutig aus der anderen Ecke heraus.

Da werde ich hellhörig:

„Mir scheint, hier wird tatsächlich Trübsal geblasen! Wenn ich auch nicht unsere alten Wintermoorer Busfahrer getroffen habe – so macht das ja nichts. Weihnachten ist doch ein Fest der Freude. Da sollen auch Sie nicht hier im Kalten sitzen. Kommen Sie, ich koche schnell eine Tasse Kaffee für Sie beide – damit Sie wieder auftauen!“

Beide kommen mit und sind anfangs sichtlich verlegen. Bei heißem Kaffee und einem Riesenteller mit Butter bestrichenen Christstollen tauen beide auf. Es scheint ihnen zu schmecken, da sie den Riemen loser schnallen. Längst vergessen ist mein Entenbraten, von dem ich kein Häppchen bekam. Helle Weihnachtsfreude erfüllt mein Herz, als ich frage, ob wir gemeinsam das Weihnachtsevangelium lesen wollen – und beide zustimmend nicken. Es ist mir gleich, was andere denken, weil fremde Männer bei mir im Zimmer im Kerzenschein ein Weihnachtslied nach dem andern anstimmen. Dann bete ich kurz für beide, daß auch ihnen Weihnachtsfriede und Weihnachtsfreude zuteil werden möge.

Traurige Tatsachen

Irgendwie muß es die beiden gepackt haben. Man spürt so etwas. „Ich war völlig verzweifelt im Wagen", erzählt der eine. „Ich habe gestern meine Frau mit Nervenrheuma ins Krankenhaus gebracht — und das am Heiligabend! Meine Weihnachtsbescherung war, daß ich gestern noch die Wäsche wusch, die eingeweicht war. Heute habe ich vor dem Dienst die Kinder von Kopf bis zu Fuß geschrubbt und geseift. Sie mußten im Bett bleiben, weil keine Feuerung da ist. Etwas Süßigkeiten — so'n paar Kringel — habe ich noch vom letzten Geld geholt. Das war ihre Weihnachtsbescherung. Darum langte es nicht mehr zu einer Tasse Kaffee in der Kantine. Morgen müssen wir uns irgendwie in der Stadt warmlaufen. Morgen habe ich frei. Dann kann ich mich wenigstens um die Kinder kümmern."

„Kinder habe ich zwar nicht", sagt der andere. „Aber meine Frau habe ich auch kurz vor Weihnachten mit Leberkrebs ins Krankenhaus bringen müssen. Da vergeht einem das Weihnachtenfeiern! Kohlen habe ich zwar. Aber ich bin so furchtbar unpraktisch. Ich hungere lieber, als daß ich mir etwas zu essen koche. Irgend etwas geht ja doch immer schief dabei. Nicht einmal einen Knopf kann ich mir annähen — und da reißt mir jetzt zu allem Unglück tatsächlich einer ab! Ach, ich bin so schrecklich unglücklich und hilflos ohne meine Frau!"

„Und doch weiß Gott um die Not von Ihnen beiden! Glauben Sie mir's! Sehen Sie, da schickt Gott mich zu Ihnen in den Bus, damit Sie endlich etwas Warmes haben sollen. Und Er weiß auch um all Ihre andere Not, die wahrlich weit größer ist."

Gemeinsame Gebetstunde

Mir geht das Herz über, weil nun in Wahrheit Weihnachten ist, und ich den beiden die frohe Botschaft des Friedens und der Freude bringen darf: „Siehe, ich verkündige euch große Freude! Euch ist heute der Heiland geboren, welcher ist Christus, der HErr!"

Von diesem wunderbaren Christus, der heute noch so nah, so gegenwärtig ist, von diesem Christus sage ich ihnen, von meinem Erleben im Alltag mit Ihm.

Als die Pflicht die beiden zur Heimfahrt ruft, bittet der eine mich, nicht nur für sie beide, sondern doch auch noch für seine kranke Frau und für seine Kinder zu beten. Da knien wir alle nieder. Wohl ein jeder von uns spürt Gottes heilige Gegenwart –.

Der eine sagt kein Wort, als ich geendet habe, aber der andere stammelt einen Dank Dem entgegen, der ihm so plötzlich an diesem Weihnachtstag entgegengetreten ist. Er dankt für alles Erleben, aber er bittet auch um das Erleben der ganzen Weihnachtsfreude und des ganzen Weihnachtsfriedens. Zuversichtlich befiehlt er Frau und Kinder und sich selbst dem Erbarmen Gottes an, ganz kindlich, ganz einfältig. Es geht mir durchs Herz.

Nachdem ich dem andern noch schnell den abgerissenen Knopf angenäht habe, damit er zu Hause keine Mühe hat, stapfen wir durch den Schnee zurück.

„Das war ein Weihnachten, das ich wohl nie vergessen werde!" sagt der eine, dem ich ein Päckchen mit Kuchen und Süßigkeiten für die Kinder in den Bus hineinreiche und dem andern ein Buch für seine kranke Frau. Eins weiß ich: die frohe Botschaft des Weihnachtsevangeliums hat auch ihn gepackt – auch wenn er nichts sagt. Alles andere ist nun Gottes Sache.

Ein kräftiger Händedruck wie unter Freunden – so scheiden wir voneinander. Dann gehe ich mit meiner großen Weihnachtsfreude im Herzen in mein Zimmer zurück, wo langsam die letzten Kerzen herunterbrennen.

Ein Weihnachtserleben mit zwei fremden Busfahrern! Nicht einmal ihren Namen weiß ich. Mein Herz ist voller Weihnachtsfreude. Hier war ein anderes Freuen und Feiern als bei meinen Freunden. Es ist doch wirklich so: Nur Jesus allein kann Freude geben, die nicht vergehen.

Ein unverhofftes Wiedersehen

Als ich im darauffolgenden Jahr – es war zur Zeit der Heideblüte – wie gewöhnlich in den Außendienst nach Hamburg fahre, springt plötzlich vorne im Bus der Fahrer auf, packt eine Frau am Arm, steht mit ihr voller Freude vor mir und ruft: „Du, Tilde! – Hier – hier – das ist unser Weihnachtsengel! – Entschuldigen Sie, daß ich nicht einmal Ihren Namen weiß! Aber bei uns sind Sie einfach – unser Weihnachtsengel!"

Ich bin völlig überrascht und lache vergnügt über eine solche Bezeichnung, weiß aber im Augenblick beim besten Willen nichts mit diesen Worten anzufangen. Sicher habe ich ein ganz dummes Gesicht gemacht.

„Wir haben doch zusammen Weihnachten gefeiert!"

Da geht mir ein Licht auf! – Der kleine Blondkopf neben der Mutter hat etwas von Weihnachten aufgeschnappt und singt plötzlich drauflos:

„O du fröhliche, o du selige,
gnadenbringende Weihnachtszeit . . ."

Die Mutter wehrt der Kleinen. Sie läßt sich aber nicht beirren, sondern singt weiter und sagt nach der ersten Strophe: „Haben wir alle drei Weihnachten von Pappi gelernt!"

Mich trifft ein strahlender Blick des Vaters, der sich zu mir umdreht und sagt: „Ja, ja, Weihnachten 1951!"

Gott tat ein Wunder

„Ja, von da an wurde bei uns zu Hause alles anders", erzählt Frau Tilde. „Ich konnte meinen Mann nicht begreifen, als er am zweiten Weihnachtstag zu mir ins Krankenhaus kam. Ich kannte meinen Mann überhaupt nicht wieder. Alles Verdrießliche, ja alles Verzweifeltsein war von ihm abgefallen. Und wie rührend besorgt war er um mich! Wie habe ich das alles so dankbar empfunden, weil ich mich so sorgte, wie nur alles zu Haus werden sollte.

Er erzählte mir von einem Weihnachtserleben draußen in der Heide. Ich kam aus dem Staunen und Wundern nicht heraus. Man merkte ihm an, wie es ihn gepackt hatte. Als ich dann aus dem Krankenhaus entlassen war, hatte er mir zum Empfang die ganze Wohnung richten lassen. Wie mußte er sich das alles vom Munde abgespart haben! Aber davon wollte er natürlich nichts wissen. Aber das Eigenartigste war, daß er mit uns Psalmen las und mit uns betete. Ich stand plötzlich völlig außerhalb meiner eigenen kleinen Familie und litt darunter. Die Kinder hingen rührend an dem Vater. Er brachte sie alle einzeln ins Bett und betete mit ihnen, und die Kinder beteten auch. Die Kleinste sagte ganz kiebig: »Vati, nun brauchen wir doch nicht mehr für Mutti beten! Nun ist sie ja wieder da und ist gesund. Was sollen wir denn nun beten?«

Als die Kinder mich einstimmig baten, doch auch noch wie Vati mit ihnen zu beten, da konnte ich nicht. Können Sie begreifen, wie mir zumute war? Mich hat das alles so gepackt und sehr mitgenommen. Da habe ich nicht mehr geruht und nicht mehr nachgelassen, Gott anzurufen, mir auch das in Herz und Leben hineinzugeben, was er meinem Mann so wunderbar geschenkt hatte. Und Gott hat's geschenkt in Seiner großen Gnade und Barmherzigkeit!"

Da drücke ich der Frau voll Lob und Dank die Hand. Was haben wir doch für einen herrlichen Heiland! Niederknien hätte ich mögen an Ort und Stelle, um Ihm zu danken, zu danken für soviel Gnade! Doch das geht ja hier nicht im Bus. Neben uns aber, zur Freude aller Mitfahrenden, sitzt die kleine Margot und singt voller Hingabe alle Strophen von:

„O du fröhliche, o du selige,
gnadenbringende Weihnachtszeit!
Welt ging verloren, Christ ward geboren:
freue, freue dich, o Christenheit!"

Und dabei ist es Hochsommer und es blüht die Heide.

Als es doch noch Weihnacht wurde

„Ich kann nicht mehr an Gottes Liebe glauben! Ich kann nicht! Meine Ehe – die Kinder – meine Krankheit! Nun hat auch noch mein Kleinster, der meine ganze Wonne und Freude war, durch eine Meningitis (Hirnhautentzündung) das Gehör verloren. Nennen Sie das etwa Liebe Gottes in meinem Leben?

Meine Frau macht mir die Kinder abspenstig – mich behandelt sie wie einen Aussätzigen. Das Geld, das für den Haushalt verwendet werden soll, verwettet sie. Die Kinder verloddern und gehorchen nicht mehr. Und ich – ich liege hier wie festgenagelt mit meiner Lungensache. Ich kann nicht mehr an Gottes Liebe glauben – ich kann nicht! Verstehen Sie das? Und – und ich will es auch nicht!"

Verbittert kommt es von den Lippen dieses schwerkranken Mannes. Ich wage nicht, noch weiter mit ihm über die Liebe Gottes zu reden. Mehr beten will ich für ihn, dessen Seele so wund ist in allem Leid und in aller Bitternis.

„Haben Sie ein Bild von Ihrem kleinen Horst da?" frag ich ihn unvermittelt, um zu verhüten, daß er sich noch mehr in Bitterkeit hineinredet.

„Das ist es ja eben!" poltert es aus ihm heraus. „Nicht einmal den bescheidenen Wunsch erfüllt mir meine Frau, daß sie mir ein Bild des Kleinen läßt. Dabei weiß sie genau, wie sehr ich grad an diesem Kind hänge! Das bestärkt mich nur noch mehr, mich von ihr scheiden zu lassen. – Ach, wissen Sie, mich ekelt das Leben nur noch an!"

Ich werde vom Krankenbett weg an den Fernsprecher gerufen und kann im Augenblick nicht wieder zu dem Kranken zurückkehren. Immer wieder versuche ich in den nächsten Tagen, dem armen Kranken eine kleine Freude zu machen. Ich stelle ihm ein Gotteswort auf seinen Nachttisch, streiche ihm schnell einmal im Vorbeigehn über die feuchte Stirn oder bringe ihm, da es Weihnachten werden will, ein Adventszweiglein. Über Gottes Liebe rede ich nicht mehr mit ihm, sondern bete mehr denn je, daß Gott sich seiner erbarmen möge.

Nur Anschuldigungen

In aller Herzlichkeit schreibe ich an die Ehefrau und erbitte ein Bild des Kleinsten für den Kranken zu Weihnachten. Wie ein Wunder ist es, daß die Frau mich um eine Aussprache bittet. Wir verabreden uns im Amt.

Mir tut das Herz weh über so viel Härte. Nur Anschuldigungen hat sie für den Mann, der so schwerkrank daniederliegt. Hat sie denn überhaupt kein bißchen Mitgefühl mehr für ihn, der so leiden und sich quälen muß?

Ich erzähle ihr, wie sehr sich ihr Mann nach Frau und Kinder sehnt, wie sehr er sich um sie alle sorgt! Anfangs hat sie nur ein höhnisches Lachen dafür übrig. Als ich dann aber ernst mit ihr rede, wie krank, ja wie sterbenskrank der Mann ist und sie frage, ob sie denn die letzten Tage ihm so schwer machen will, daß er sich zuletzt noch voller Bitterkeit von ihr scheiden lassen wolle, da scheint doch noch etwas im Herzen dieser so harten Frau aufzutauen. Nein, soweit dürfe es nicht kommen, meint sie. Um der Kinder willen dürfe das nicht geschehen, obgleich er sie alle — nun auch den Kleinsten — angesteckt habe.

Wir gehen auseinander, ohne daß ich sagen kann, was bei dem Gespräch herausgekommen ist. Mir hat sich das Leid der Familie als eine schwere Gebetslast auf die Seele gelegt.

Weihnachten kommt

Für die Kranken ist die Weihnachtsfeier zwei Tage vorverlegt. Überall auf den Stationen herrscht fröhliche Weihnachtsstimmung bei den Kindern wie bei den Erwachsenen. Die Männer sind wie große, übermütige

Jungen vor der Weihnachtsbescherung. Überaus wichtig haben sie es mit ihren selbstgebastelten Weihnachtsgeschenken für die Schwestern.

Alles ist weihnachtlich und voller Geheimnisse. Nur einer liegt da mit einem so abweisenden Gesicht, als gäbe es für ihn überhaupt keine Weihnachtsfreude, als ginge all das fröhliche Vorbereiten ihn nichts an.

Der Weihnachtsbrief

Still setze ich mich zu ihm, als die Feier beginnt und aus rauhen Männerkehlen die alten, schönen Weihnachtslieder erklingen. Still und in sich gekehrt sitzen die Männer da, während einer der Ärzte das Weihnachtsevangelium liest und ihnen die frohe Botschaft der Freude und des Friedens bringt.

Mit geschlossenen Augen liegt mein Kranker da. Still betend sitze ich neben ihm. Auf seinen bunten Weihnachtsteller habe ich ihm einen Brief von seiner Frau gelegt. Als er ihn plötzlich erblickt und in Händen hält, zögert er einen Augenblick, ehe er ihn öffnet. Ach, was mag in diesem kurzen Augenblick alles in ihm vorgehen?

Ich lasse ihn ein Weilchen allein, um im Sprechzimmer meine eigene Weihnachtspost durchzusehen. Da sehe ich, daß die Frau des Kranken auch mir geschrieben hat. Als ich den Brief öffne, fällt mir ein Bild des Kleinsten entgegen. Es ist ein Junge mit einer Hasenscharte – und doch, wie liebt ihn der Vater! Welch eine Weihnachtsfreude, ihm dieses Bildchen bringen zu dürfen!

Die Frau bittet mich, das Bild des Jungen auf den Weihnachtstisch zu stellen und ihrem Mann zu sagen, daß sie ihm die Hand zur Versöhnung reichen möchte. Am ersten Feiertag würde sie selber kommen.

„Bitte, beten Sie mit mir"

Als ich leise die Tür zum Krankenzimmer öffne, liegt mein Kranker mit geschlossenen Augen in seinem

Bett. Eine Träne nach der andern rollt über die abgezehrten Wangen. Er hat mein Kommen nicht bemerkt. Der Brief von seiner Frau liegt auf der Bettdecke. Still leg ich das Bild des Jungen dazu.

Plötzlich öffnet er die Augen, sieht erstaunt auf das Bild, dann auf mich. Ein Schluchzen schüttelt den ausgemergelten Körper.

Sanft streiche ich ihm übers Haar und will dann gehen. Da greift der Kranke meine Hand und sagt: „Gestern und vordem wollte ich nicht mehr an Gottes Liebe glauben – und heute – heute erlebe ich es, daß Er dennoch – dennoch ein Gott der Liebe ist. Hier in diesem Brief bittet meine Frau mich um Verzeihung – und am ersten Weihnachtstag kommt sie selber. Oh, Weihnachten! – Friede auf Erden! Friede auch wieder in unsrer Ehe! – Können Sie begreifen, was das für mich heißt?"

O ja, ich kann es ein wenig verstehen, wie ihm zumute sein mag. Als ich ihm jetzt noch einmal vom Weihnachtsfrieden und von der Freude sagen darf, von der Liebe Gottes in Christus Jesus, da bittet er mich, mit ihm zu beten und Gott für alles zu danken. Er könne es ja noch nicht – aber er möchte es lernen. Wie gern bete ich mit dem Kranken!

Als seine Kameraden vorsichtig ins Zimmer hereinschauen, strahlt er sie an und ruft: „Kommt nur, kommt! Wir wollen alle zusammen Gott danken! Nun – nun ist auch für mich noch Weihnachten geworden!"

Karos Weihnachtsbescherung

Heiligabend! Die Straßen sind wie ausgestorben. Doch hinter blanken Fenstern strahlen die Weihnachtskerzen, und Glockenjubel schwebt über der Großstadt: „Siehe, ich verkündige euch große Freude!"

Mit dieser großen, stillen Weihnachtsfreude im Herzen wandre ich durch die menschenleeren Straßen. Nur Karo, der treue Kettenhund auf dem enttrümmerten Grundstück eines Goldwarengeschäftes merkt nichts vom Feiern und von Weihnachtsfreude. Es ist bitterkalt.

Irgendwie zerrt es an meinem Herzen, als er mit rasselnder Kette in seine kalte Hundehütte zurückkriecht. „Armer Karo! Hast gar keine Weihnachtsfreude! Warte, ich bringe dir morgen früh von meinen Butterbroten aus der Aktentasche! Die guten Happen werden dir schmecken!"

Aber ein richtiges kleines „Weihnachtsengelchen" ist mir am andern Morgen, am Weihnachtsmorgen, zuvorgekommen. Ein kleiner, vielleicht fünf Jahre alter Lockenkopf huscht über das gefrorene Trümmergras und ruft: „Karo, Karo! Ich komm!"

Ein lautes Gebell und ein Freudentanz an rasselnder Kette ist die Begrüßung. Was dann folgt, ist ein Weihnachtserleben eigener Art, das ich wohl nie vergessen werde. Sorgsam legt die Kleine ein Päckchen mit roten Schleifen ins Trümmergras, aber so, daß Karo es nicht erreichen kann. Dann huscht sie zu ihm auf die Steinfliesen des Hofes hinauf, ergreift furchtlos seine große, tollpatschige Hundepfote und wünscht ihm frohe Weihnachten. Voller Freude umarmt sie den großen Hund, der sich alles gefallen läßt. Wie wohl muß dem armen Tier solche Liebe tun! Sanft schiebt sie ihn dann von sich und sagt: „So, Karo, nun sag ich dir mein Weihnachtsgedicht auf, und dann kriegst du dein Weihnachtsgeschenk!"

Weit und breit ist kein Mensch zu sehen. Nichts regt sich auf den enttrümmerten Grundstücken. Nur ich selber stehe von fern und lausche und traue meinen Ohren kaum. Der kleine, blonde Lockenkopf hält die Hände auf dem Rücken verschränkt, macht vor Karo, der schwanzwedelnd vor ihr sitzt, einen tiefen Knicks und sagt:

„Siehe, ich verkündige euch große Freude, die allem Volk widerfahren wird, denn euch ist heute der Heiland geboren, welcher ist Christus, der HErr, in der Stadt Davids."

In die Arme hätte ich das kleine Lockenköpfchen schließen mögen! Doch ich warte ab. Bringt hier nicht ein „Engelchen" einem verlassenen Tier, einem Geschöpf Gottes, die Weihnachtsbotschaft?

„So, Karo, und nun kommt die Weihnachtsbescherung!" jubelt sie laut und klatscht dabei in die Hände. Wie ein Wiesel ist die Kleine zu ihrem Päckchen ins Trümmergras gesprungen. Karo führt wahre Freudentänze auf. Hat er etwas gerochen? – Sorgsam werden die roten Schleifchen entfernt und das Weihnachtsgeschenk ausgewickelt. In der Hand hält die Kleine ein schönes, großes Stück Karbonade! Da ist es aus mit Karos Fassung. Er stößt ein Freudengeheul aus, als sie es ihm hinhält. Mit einer Wonne macht er sich darüber her.

Das Lockenköpfchen jedoch kauert mit gefalteten Händen und strahlenden, großen Kinderaugen, aus denen helle Weihnachtsfreude leuchtet, neben Karo und sieht zu, wie es ihm schmeckt. Als er schmatzend beim Karbonadenknochen angelangt ist, sagt sie, ihm immer wieder über das struppige Fell streichelnd: „Karo, wir haben schön Weihnachten gefeiert, nicht?"

Dann läuft sie davon. Sie winkt immer wieder mit beiden Händen Karo zu. Der Hund aber sieht schwanzwedelnd seinem kleinen „Weihnachtsengel" nach.

Beinahe stolpert sie mir in die Arme, als sie sich nochmals umdreht und ihm zugewinkt hat.

„Was hast du denn da gemacht?“ frage ich sie unvermittelt, als sie gegen mich rennt. Ein prüfender Kinderblick gleitet über mich hin. Dann sagt sie versonnen: „Ich habe mit Karo Weihnachten gefeiert.“

„Hast du ihm denn auch einen Knochen geschenkt?“

„Oh du, man bloß einen Knochen? – Meine ganze Weihnachtskarbonade habe ich ihm gebracht!“

Beschämt denke ich an meine nachgelassenen Butterbrote aus meiner Aktentasche, die ich Karo bringen wollte.

„Hättest du die Karbonade denn nicht gern selber gegessen?“ frage ich weiter.

Die Kleine nickt. „Ja, das hätte ich schon! Aber ich wollte dem armen Karo doch auch etwas schenken. Und Geld hatte ich doch keins. Alle haben gestern am Heiligabend geguckt, als Mutter mir meine Karbonade zerschneiden wollte und ich gesagt habe: »Mutter, bitte nicht! Ich möchte meine verschenken!«

Meine Brüder haben mich ausgelacht, und gemeint, ich wäre schön dumm. Nur Vati habe ich's ins Ohr geflüstert, wer die Karbonade haben sollte. Da hat er auf einmal ganz blanke Augen gekriegt und hat mir leise gesagt, dann solle ich ihm aber auch eine richtige Weihnachtsbescherung daraus machen.

Das habe ich nun auch getan, wie zu Haus und auch in der Sonntagschule. Da habe ich beim Feiern auch das vom Engel und von der großen Freude aufgesagt, daß der Heiland geboren ist... Das konnte Karo ja nicht verstehen, weil er ja man bloß 'n Hund ist. Aber weil doch gerade darum Weihnachten ist... darum mußte ich ihm das doch auch mit sagen, wenn er es auch nicht versteht. Und dann kam seine Weihnachtsfreude dran: die Karbonade! Das hat er aber bestimmt von Weihnachten verstanden. Und nun... nun ist ganz richtig Weihnachten bei mir!“

Jauchzend sagt's mir der kleine Plappermund, und ich stehe beschämt daneben, innerlich aber noch um eine Weihnachtsfreude reicher.

Weitere Erlebnisse von Lexa Anders

In drei weiteren Ährenlese-Bändchen erzählt Lexa Anders von ihrem reichen Erleben in ihrem Dienst an Menschen. Jedes Bändchen umfaßt 88 S. und ist mit festem Umschlag versehen.

Nr. 21: **Mein Alltag mit Christus**

Viele Menschen erleben etwas mit Christus. Nicht selten Dinge, die wunderbar sind. Aber nur wenige haben eine „flüssige Feder", davon glaubhaft zu berichten. Hier ist es gelungen. Dabei wird klar: Wer glaubt, muß kämpfen und erlebt Wunder!

Nr. 23: **Christus in Hamburgs Straßen und Häusern**

Hier erfährt der Leser von dem Unsichtbaren und doch so Nahen und Gegenwärtigen in den Häusern der Reichen und in den Gassen der Armen, an Kranken- und Sterbebetten, in den Bahnen der Großstadt und an vielen Orten. Dieses Bändchen will den Namen des HErrn Jesus Christus hineintragen in die Häuser und Straßen unserer Städte und Dörfer. Möge es einen Widerhall in vielen Herzen finden!

Nr. 24: **Jesus Christus – heute erlebt**

Dieses dritte Bändchen mit Erlebnisberichten von Lexa Anders wurde – wie die beiden anderen – im „Gärtner" vorabgedruckt und fand starke Beachtung. In diesen kurzen Geschichten wird immer wieder spürbar, wie nahe der HErr den Seinen ist und wie ein bewußtes Leben in Seiner Nähe beglückt. Dieser frohmachende und ermutigende Inhalt war sicherlich der Grund zu der ungewöhnlich starken Nachfrage. Die Erlebnisse von Lexa Anders sind ein kräftiges Zeugnis, und sie dürften manchen Leser zum Nachdenken bringen.

Gute Erzählungen im Taschenbuch-Format

In der Reihe unserer „Ährenlese"-Bändchen sind weiter erschienen:

Nr. 22: **Auf des Königs Straßen**

Geschehenes und Geschautes in Kurzgeschichten von Johannes Roos. 64 Seiten, fester Umschlag.

Der Verfasser berichtet aus einem gesegneten Leben im Dienste des großen Königs: in der Christlichen Studentenvereinigung, im Gemeindedienst, im Blauen Kreuz, in Evangelisationen und Bibelkursen. Man kann aus den kurzen Zeugnissen sehen, wie man den Frieden mit Gott findet und auch wie man richtig in der Nachfolge bleibt.

Nr. 25: **Vergiß das Danken nicht!**

Erzählungen von Christel Looks-Theile. 80 Seiten, fester Umschlag.

Diese Erzählungen wurden im Laufe des Jahres 1967 im „Gärtner" veröffentlicht. Sie zeigen die Güte Gottes und sagen auf ihre Art, wie die Freundlichkeit Gottes sichtbar wird und daß sie uns mehr erquickt, wenn wir das Danken nicht vergessen.

Nr. 27: **Ohm Michel**

Ein Christuszeuge aus dem Siegerland. Lebensbild von Adolf Kühn. 88 Seiten, fester Umschlag.

Um vor allem auch der Jugend zu zeigen, wie Gott einen Menschen umgestalten kann, wurde dieser Lebensbericht geschrieben. Er will keine „Legende eines Heiligen" sein, sondern wirklichkeitsnah zeigen, daß es nie zu spät ist, sein Leben Gott auszuliefern.

Nr. 28: **Gott führt wunderbar**

Erlebnisse in Krieg und Frieden von Wilhelm Baginski. 72 Seiten, fester Umschlag.

Diese Erlebnisse sind ein packendes Zeugnis von Gottes wunderbarem Führen. Wilhelm Baginski hat vor allem während des Zusammenbruches im Jahre 1945 und in den darauf folgenden Jahren der russischen Gefangenschaft erfahren, daß Gott in aussichtslosen Lagen bewahren kann und zu retten vermag, wenn alle Menschen uns aufgeben. Das Büchlein eignet sich auch als Geschenk für Menschen, die dem Evangelium fernstehen.

